VOCABULÁRIO DE MONTESQUIEU

VOCABULÁRIO DE MONTESQUIEU

Céline Spector
Doutora em filosofia

Tradução
CLAUDIA BERLINER
Revisão técnica
MARCOS FERREIRA DE PAULA

SÃO PAULO 2011

Esta obra foi publicada originalmente em francês com o título
LE VOCABULAIRE DE MONTESQUIEU
por Les Éditions Ellipses – Marketing S.A.
Copyright © Ellipses/Éditons – Marketing, França
Copyright © 2011, Editora WMF Martins Fontes Ltda.,
São Paulo, para a presente edição.

1ª edição 2011

Tradução
CLAUDIA BERLINER

Revisão técnica
Marcos Ferreira de Paula
Acompanhamento editorial
Luzia Aparecida dos Santos
Revisões gráficas
Helena Guimarães Bittencourt
Renato da Rocha Carlos
Edição de arte
Katia Harumi Terasaka
Produção gráfica
Geraldo Alves
Paginação
Moacir Katsumi Matsusaki

Dados Internacionais de Catalogação na Publicação (CIP)
(Câmara Brasileira do Livro, SP, Brasil)

Spector, Céline
  Vocabulário de Montesquieu / Céline Spector ; tradução Claudia
Berliner. – São Paulo : Editora WMF Martins Fontes, 2011. – (Coleção
Vocabulário dos filósofos)

  Título original: Le vocabulaire de Montesquieu
  ISBN 978-85-7827-432-0

  1. Montesquieu, Charles de Secondat, Baron de, 1689-1755 –
Glossários, vocabulários, etc. 2. Montesquieu, Charles de Secondat,
Baron de, 1689-1755 – Linguagem I. Título. II. Série.

11-06768   CDD-185

Índice para catálogo sistemático:
1. Vocabulários de Montesquieu : Filosofia   185

Todos os direitos desta edição reservados à
Editora WMF Martins Fontes Ltda.
Rua Prof. Laerte Ramos de Carvalho, 133 01325.030 São Paulo SP Brasil
Tel. (11) 3293.8150 Fax (11) 3101.1042
e-mail: info@wmfmartinsfontes.com.br http://www.wmfmartinsfontes.com.br

Recensear o vocabulário de um autor de língua francesa, ainda que do século XVIII, pode parecer supérfluo. Quando se trata de um "Filósofo" que, à guisa de essências, só fornece noções operatórias, a tarefa parece ainda mais vã. Mas, por maior que seja a preocupação da racionalização da história com a diversidade e com suas causas, ela exige igualmente a construção de conceitos, cujas realidades empíricas são aproximações. Construtor de mitos, dos quais o despotismo oriental é o exemplo mais famoso, Montesquieu é também, como o qualificou o naturalista Charles Bonnet, um "Newton do mundo moral". Mesmo que as leis da história não sejam análogas às da natureza, será ao menos preciso edificar nomenclaturas, elaborar tipologias, definir o modo de funcionamento diferencial das entidades distinguidas – a isso pode pretender, sem jamais separar o fato da norma, a ciência nova que ele inventa. A revolução metodológica de Montesquieu se traduz pela originalidade de sua linguagem, que tanto seus contemporâneos como seus críticos posteriores terão muita dificuldade de aceitar. Não se trataria precisamente de dizer coisas novas dando aos termos antigos novas acepções, a ponto de subverter totalmente sua substância? "Quando um escritor definiu uma palavra na sua obra", escreve Montesquieu em seus *Esclarecimentos*; "quando ele produziu, para me servir dessa expressão, seu dicionário; não se deveria ouvir suas palavras segundo a significação que ele lhes deu?"[1] É sem dúvida

---

1. "Éclaircissements", in *OC*, t. II, p. 1.169.

preciso tomar essa ideia de "dicionário" ao pé da letra, sem se deixar guiar pelas significações usuais, correntes ou filosóficas, dos termos empregados: "Tive ideias novas, foi preciso encontrar palavras novas ou dar às antigas novas acepções; mas eu defini minhas palavras."[2]

---

2. "Réponses à la Faculté de Théologie", in *OC*, t. II, p. 1.182.

ABREVIAÇÕES E CONVENÇÕES

Embora a edição de referência das *Oeuvres Complètes* de Montesquieu continue sendo (enquanto não chega uma nova edição crítica, no prelo pela Voltaire Foundation) a de André Masson (Paris, Nagel, 3 volumes, 1950-1955), os textos serão citados aqui por comodidade na edição de Roger Caillois (Paris, Gallimard, Bibliothèque de la Pléiade, 2 volumes, 1949-1951). As paginações só serão indicadas para os textos longos, no volume indicado em seguida. As datas das primeiras edições dos textos publicadas em vida de Montesquieu também estão indicadas.

DPR *Dissertation sur la politique des Romains dans la religion* (t. I) [Dissertação sobre a política dos romanos na religião].
LP *Lettres persanes* (t. I) 1721 [*Cartas persas*].
MP *Mes pensées* (t. I) [Meus pensamentos].
NV *Notes de voyage* (t. I) [Notas de viagem].
ES *Éloge de la sincérité* (t. I) [Elogio da sinceridade].
EC *Essai sur les causes qui peuvent affecter les esprits et les caractères* (t. II) [Ensaio sobre as causas que podem afetar os espíritos e os caracteres].
CR *Considérations sur les causes de la grandeur et de la décadence des Romains* (t. II) 1734 [Considerações sobre as causas da grandeza e da decadência dos romanos].
RMU *Réflexions sur la monarchie universelle* (t. II) [Reflexões sobre a monarquia universal].

EL   De l'esprit des lois (t. II) 1748 [*O espírito das leis*].
DoEL   Dossier de L'Esprit des lois (t. II) [Dossiê do *Espírito das leis*].
DEL   Défense de L'Esprit des lois (t. II) 1750 [Defesa do *Espírito das leis*].
S   Spicilège (t. II) [Espicilégio].
Goût   Essai sur le goût dans les choses de la nature et de l'art (t. II) [Ensaio sobre o gosto nas coisas da natureza e da arte].

Causas físicas, causas morais

Fr.: *Causes physiques, causes morales*

* Esses são os dois tipos de causas gerais que comandam a racionalização da história: "todos os acidentes estão submetidos a essas causas"[1]. As causas físicas dependem do clima ou da natureza do terreno; as causas morais prendem-se à política, à religião, às maneiras e aos costumes. O conjunto dessas causas, passíveis de mistura, forma o espírito geral de uma nação e comanda o espírito de suas leis.

** Existe uma relação complexa, de conflito ou de colaboração, entre causas físicas e causas morais: por um lado, "se causas morais não interrompessem as físicas, estas sairiam e agiriam em toda a sua extensão"; por outro, "se as causas físicas tivessem a força de agir por conta própria, destruiriam a causa moral: pois a causa física necessita amiúde da causa moral para agir"[2]. Se, no *EC*, Montesquieu afirma a primazia das causas morais que "formam mais o caráter de uma nação e decidem mais sobre seu espírito do que as causas físicas", e que portanto são capazes de "forçar" ou até de "destruir" a ação das primeiras, o *EL* não parece restabelecer tal hierarquia: às vezes, em certos climas, o físico tem tamanha força que a moral não pode "quase nada"[3]. A hipótese do fatalismo climático que induziria a "naturalização" da servidão na Ásia deve, contudo, ser matizada. *Primo*, a ação do clima quente pode ser positiva, inclusive nesse Oriente que parece fadado a todas as formas de servidão: é o caso da China, onde "causas, decorrentes em sua maioria do físico do clima, forçaram as causas morais nesse país e fizeram uma espécie de prodígio", moderando o despotismo[4]. *Secundo*, embora Montesquieu tivesse manifestamente desejado acalmar seus censores ao afirmar que "o livro do *Espírito das leis* forma um triunfo perpétuo da moral sobre o clima, ou melhor, em geral, sobre as causas físicas"[5], ainda assim os bons legisladores são aqueles capazes de inserir oportunamente sua ação na trama da "natureza das coisas", atuando notadamente sobre a economia passional[6].

*** Na verdade, mais que procurar a "primazia" de um certo tipo de causa, o que importa é perceber o rompimento de Montesquieu com qualquer perspectiva estritamente dualista: nem as causas físicas nem as causas morais podem ser pensadas em estado "puro". A relação entre as causas deve ser pensada ao modo de uma física das forças ou de uma química do misto e faz intervir inúmeras mediações, como a categoria de "necessidade" (que pode incluir a "necessidade de liberdade"), na charneira entre o físico e a moral[7].

1. *CR*, XVIII, p. 173.
2. *MP*, 811, 1296.
3. *EL*, XVI, 8.
4. *EL*, VIII, 21.
5. *DEL*, 1173, ver pp. 1.145-6.
6. *EL*, XIV, 9.
7. *EL*, XIV, 10, XXI, 3.

Clima

Fr.: *Climat*

* A ação do clima é sobretudo a da temperatura do ar, que exerce influência sobre os espíritos e os caracteres e, por essa via, sobre os costumes e as leis. Apesar da continuidade do gradiente térmico, pode-se distinguir três grandes zonas (quente, temperada, fria): ao "espírito de servidão" que afeta os climas quentes em que os homens, passivos, são destituídos de toda coragem, opõe-se o "gênio de liberdade" dos climas frios ou das zonas temperadas, em que a geografia acidentada torna as conquistas muito difíceis de conduzir e em que a atividade industriosa exige a liberdade[1].

** Montesquieu justifica, por meio de uma psicologia sensualista, a importância dada à influência determinante do clima. Mediante sua ação sobre as "fibras" cerebrais, mais ou menos flexíveis e delicadas, a temperatura determina o grau de sensibilidade e de vivacidade dos povos: os habitantes de climas frios são pesados, lentos, enérgicos, corajosos e obstinados; os do sul têm a imaginação viva e as paixões ardentes, mas costumam ser covardes, fracos e inconstantes[2]. Contudo, entre o *EC* e o *EL*, a quantidade de parâmetros climáticos capazes de afetar os espíritos e os caracteres diminui: a incidência da qualidade do ar, da umidade ou dos ventos desaparece em prol de uma correlação relativamente estrita entre "graus de latitude" e "graus de sensibilidade"[3]. A célebre experiência da língua de carneiro tende a estabelecer experimentalmente a correlação entre calor e desenvolvimento dos chumaços nervosos que tornam possível a vivacidade das sensações. Segundo os caracteres nacionais, o clima pode, assim, comandar a influência possível da moral ("Aproximemo-nos dos países do sul e acreditaremos afastar-nos da própria moral"[4]) e "produzir" a brandura ou a severidade das leis[5]; ele explica a liberdade e a servidão em função dos desejos e das qualidades naturais dos homens, em particular a coragem[6]. Mas as resultantes das causas físicas (a preguiça dos meridionais sobretudo) podem ser modificadas pela ação das causas morais: "os maus legisladores foram aqueles que favoreceram os vícios do clima e os bons, aqueles que a eles se opuseram"[7]. Portanto, a parcela que cabe ao determinismo climático parece de difícil avaliação; dizer que "o império do clima é o primeiro de todos os impérios"[8] sem dúvida só pode ser entendido cronologicamente: as causas físicas dominam os selvagens e os bárbaros resistentes à educação, mas sua ação provavelmente diminui à medida que os homens se emancipam de seu meio natural e são mais receptivos à ação das causas morais[9]. Ainda assim, a imutabilidade oriental manifestamente só autoriza alguma iniciativa de um legislador – que se espera seja "sábio" – no princípio de sua história, antes que o efeito das leis, assim como o da religião, dos costumes e das maneiras, passe a ser apenas inercial, em razão da preguiça dos espíritos refratários ao novo[10].

*** A principal contribuição de Montesquieu à teoria tradicional dos climas vem da extensão de seu campo de aplicação tradicional: ela já não se aplica somente aos caracteres nacionais (o que ainda era o caso no *EC*), mas também às instituições dos povos. No *EL*, a teoria dos climas exposta no livro XIV destina-se sobretudo a identificar as condições da liberdade e da servidão (civil, doméstica e política[11]) e a mostrar que a Europa temperada e povoada de descendentes dos bárbaros vindos do Norte desfruta no tocante a isso de um "gênio de liberdade", resistente tanto à importação de escravos na Europa quanto à subordinação das mulheres ou à instauração do despotismo (que, no entanto, poderia prevalecer ao menos temporariamente sobre a inércia do clima[12]); pode igualmente servir para desacreditar o projeto universalizador do catolicismo e de suas missões, porque a religião está em relação de conformidade com o clima; finalmente, ela tende a relativizar a moral e sua ação sobre o direito: seria absurdo imputar a responsabilidade do suicídio aos ingleses, onde essa prática é puro efeito do clima[13]. Pode-se entender a crítica suscitada tanto entre os partidários da primazia inconteste das causas morais e da educação (Hume, Turgot, Helvetius...) quanto entre os teólogos e os censores do *EL*[14].

1. *LP*, CXXXI, *RMU*, VIII, *EL*, XVII, 6, XXI, 3.
2. *EC*, *EL*, XIV, 2.
3. *EL*, XIV, 2.
4. *EL*, XIV, 2, XVI, 8.
5. *EL*, XIV, 15.
6. *EL*, XV, 17; XVI, 2, 4; XVII, 2.
7. *EL*, XIV, 5.
8. *EL*, XIX, 14.
9. *EL*, XIX, 4.
10. *EL*, XIV, 3-4.
11. *EL*, livros XV a XVII.
12. *EL*, VIII, 8.
13. *EL*, XIV, 12.
14. *DEL*, pp. 1.145-6.

Comércio

Fr.: *Commerce*

* Designa a troca de bens e a comunicação entre as pessoas[1]. Nos tempos modernos, as riquezas mercantis, que não podem dar lugar a nenhuma hegemonia duradoura, são constitutivas do poder dos Estados[2].

** Montesquieu se interessa sobretudo pelo comércio exterior no âmbito de uma teoria das relações internacionais: "o efeito natural do comércio é conduzir à paz"[3]. A brandura do comércio prende-se a princípio aos benefícios morais devidos à multiplicação dos processos de troca. A ferocidade dos costumes que caracterizava as antigas repúblicas militares desaparece tendencialmente em prol de uma maior humanidade nos Estados modernos: "o comércio cura dos preconceitos destrutivos e é quase uma regra geral que, ali onde houver costumes brandos, haverá comércio, e que, ali onde houver comércio, haverá costumes brandos"[4]. Foram sobretudo os navegadores que, veiculando os conhecimentos e possibilitando a comparação entre as nações, contribuíram para apagar o ódio vinculado à ignorância e aos preconceitos[5]. A brandura do comércio prende-se, em segundo lugar, ao tipo de conduta e de ação racional interessada que ele tende a generalizar mediante a sua prática, e graças à qual os homens conseguem se desprender da racionalidade militar, para a qual os ganhos de uns são necessariamente as perdas dos outros. Longe de qualquer benevolência espontânea, as virtudes pacificadoras do comércio provêm da própria interdependência que a troca entre as nações suscita, interdependência expressa em termos de interesses e de necessidades mútuas[6]. Essa brandura concerne por fim aos efeitos políticos de certas invenções financeiras ligadas à extensão das transações mercantis e à mobilidade da propriedade – o câmbio, a letra de câmbio – que funcionam como proteções possíveis contra o abuso de poder. Em suma, a mundialização dos fluxos de mercadorias e dos capitais provoca mecanicamente o fortalecimento da segurança das pessoas e dos bens, que constitui a própria substância da liberdade política. Enquanto o efeito da moeda, que permite encetar a passagem da barbárie à civilização, é sobretudo o de obliterar as chances da liberdade por autorizar as desigualdades e a corrupção[7], a desterritorialização promovida pelas riquezas permite tornar inoperantes – se não impossíveis – os "grandes golpes de autoridade" de que se prevaleciam o maquiavelismo e os defensores da razão de Estado: "É uma felicidade para os homens estarem numa situação em que, enquanto suas paixões lhes inspiram o pensamento de serem maus, têm no entanto interesse de não o ser."[8] Portanto, embora o comércio torne quase impossível a manutenção da virtude entre os modernos[9], as consequências *políticas* associadas à generalização da racionalidade interessada são globalmente benéficas: a moderação aparece como resultado não intencional da interdependência dos circuitos financeiros internacionais.

*** A harmonia pacífica dos interesses europeus bem como a moderação do governo são os felizes resultados do "brando comércio", num tempo em que a economia se tornou a própria substância do poder. Ainda assim, tais vantagens devem ser ponderadas, e Montesquieu nunca propõe uma apologia da sociedade mercantil. Por um lado, os efeitos morais e sociais da extensão das condutas interessadas são amplamente negativos: ao produzir um certo sentimento de "justiça exata", o comércio incita a negociar tudo, e, ao mesmo tempo em que abranda os costumes bárbaros, "corrompe os costumes puros"[10]. Por outro lado, o comércio não é entre os modernos a única fonte exógena dos poderes compensadores no exercício da soberania: fora da lógica da distribuição constitucional dos poderes, a honra, princípio das monarquias, desempenha um papel análogo; os poderes intermediários inseridos nos vestígios de feudalismo contribuem, segundo Montesquieu, tanto quanto o desenvolvimento econômico, para resistir à extensão da arbitrariedade da realeza.

1. *EC*, p. 62; *EL*, livros XX-XXI.
2. *RMU*.
3. *EL*, XX, 2.
4. *EL*, XX, 1.
5. *EC*, p. 63.
6. *EL*, XX, 2.
7. *EL*, XVIII, 15-17.
8. *EL*, XXI, 20, XXII, 10-14.
9. *EL*, III, 3.
10. *EL*, XX, 1-2.

Conquista

Fr.: *Conquête*

* A crítica das conquistas excessivas realizadas em nome de um vão princípio de glória é um dos temas mais recorrentes da obra de Montesquieu: a conclusão das *CR*, longa meditação sobre a vanidade das conquistas (o apogeu da grandeza coincidindo com o começo da decadência), são as *RMU*, que pretendem dissuadir os contemporâneos, ávidos de invocar a caução de Roma, de qualquer desejo de imitação. Ainda que as relações entre os Estados continuem regidas pela força, a verdadeira glória do príncipe tem de residir no respeito do direito das gentes[1]: "O direito à guerra deriva da necessidade e do justo rigoroso. Se aqueles que dirigem a consciência ou os conselhos dos príncipes não se ativerem a isso, tudo estará perdido; e enquanto estiverem fundamentados nos princípios arbitrários de glória, de conveniência, de utilidade, rios de sangue inundarão a terra."[2]

** A guerra é uma das principais causas da corrupção dos Estados, que mudam de espírito à medida que seus limites se reduzem ou se ampliam[3]. Se as estratégias de defesa dependem da forma dos governos (federação para as repúblicas, praças-fortes para as monarquias, desertos nas fronteiras para os Estados despóticos[4]), as condutas ofensivas também estão relacionadas com a tipologia política: "o espírito da monarquia é a guerra e o engrandecimento; o espírito da república é a paz e a moderação"[5]. Mas a monarquia só deve conquistar enquanto permaneça nos "limites naturais" de seu governo, sem o que cairá no despotismo[6]. Além disso, o verdadeiro poder de um príncipe não consiste tanto na facilidade que tem de conquistar quanto na invulnerabilidade perante a conquista; todo engrandecimento traz consigo um risco quando a proporção entre a extensão do território e a rapidez de reação necessária para defendê-lo em caso de invasão se rompe[7]. A "força ofensiva" deve, portanto, permanecer proporcional à "força defensiva", o que permite se opor às vontades hegemônicas dos príncipes europeus (em particular de Luís XIV). Quanto aos efeitos das conquistas, a posição de Montesquieu parece variar: enquanto nas *LP* ele afirma que "a conquista não dá nenhum direito por si mesma"[8], o *EL* é mais matizado: esse direito, embora infeliz, é em certas situações "legítimo" e "necessário". É certo que não existe direito de matar ou submeter as populações conquistadas: a conquista deve proceder de um espírito de conservação, e não de destruição[9]. Mas o direito de conquista não é destituído de sentido quando traz vantagens reais (abolição da superstição, da escravidão, da opressão) para o povo vencido: "uma conquista pode destruir preconceitos nocivos e, se assim posso dizer, colocar uma nação sob um gênio melhor"[10]. A mesma evolução pode ser notada do ponto de vista da difusão das instituições políticas: enquanto as *CR* argumentavam que "a loucura dos conquistadores é querer dar a todos os povos suas leis e seus costumes"[11], segundo o *EL*, as repúblicas terão de reparar o ultraje da conquista dando aos povos conquistados "um bom direito político e boas leis civis", ao passo que as monarquias deverão deixar para os povos vencidos muito mais seus costumes do que suas leis[12].

*** A crítica do projeto de "monarquia universal" atribuído a Luís XIV não concerne apenas às conquistas europeias de prestígio, concerne também à extensão do império colonial: às barbáries espanholas opõe-se o refinamento daqueles – os ingleses em particular – que substituíram as colônias de conquista pelas colônias de comércio[13]. Acaso a grandeza dos modernos não se mede por eles terem coberto de ridículo as falsas ideias de glória daqueles antigos que dedicavam um verdadeiro culto aos atos heroicos[14]?

1. *LP*, XCV, LXXVIII, CXXI, *EL*, XXVI, 20.
2. *EL*, X, 2.
3. *EL*, VIII, 20.
4. *EL*, IX, 1-5.
5. *EL*, IX, 2.
6. *EL*, X, 9.
7. *RMU*, § 19-22, *EL*, IX, 6.
8. *LP*, XCV.
9. *EL*, X, 3.
10. *EL*, X, 4.
11. *CR*, VI, p. 108.
12. *EL*, X, 8, 11, XIX, 27.
13. *EL*, XXI, 21-22, XIX, 27.
14. *MP*, 761, 810, *EL*, X, 3.

Corrupção

Fr.: *Corruption*

* A corrupção de um governo é o processo pelo qual ele perde seu princípio e, por conseguinte, transforma sua "natureza". O risco de governos moderados se transformarem em governo despótico é, evidentemente, o mais grave[1].

** Dizer que "a corrupção de cada governo começa quase sempre por seus princípios"[2] equivale a conceder primazia à disposição de espírito que anima as instituições e fundamenta a obediência às leis. As leis devem se consagrar prioritariamente a conservar o princípio, pois, "uma vez corrompidos os princípios do governo, as melhores leis se tornam ruins e se voltam contra o Estado; quando os princípios são saudáveis, as leis ruins têm efeito de boas; a força do princípio arrasta tudo"[3]. Cada forma de governo está constantemente ameaçada por uma forma particular de corrupção das paixões dominantes que a mantêm: a virtude fica em perigo por tudo o que possa suscitar a impureza dos costumes, pelo espírito de desigualdade e sobretudo pelo espírito de igualdade extrema (quando o povo recusa o comando de seus magistrados); a honra, pela concentração abusiva dos poderes e o aviltamento das distinções, ao passo que o temor se corrompe o tempo todo por sua própria natureza[4]. A menor mudança na constituição pode acarretar a ruína dos princípios[5]. Entre os meios mais eficazes de conservar os princípios, Montesquieu coloca a conservação da morfologia do território: o engrandecimento por conquista induz uma perturbação no tocante a isso[6] – esta é a lição das *CR*[7].

*** A temática da corrupção traduz a importância da adequação entre leis e costumes, especialmente desenvolvida por Maquiavel e seus discípulos; quando os homens são corrompidos, a reforma das leis se torna inútil, e toda violação dos costumes provoca ao final o declínio do amor pela pátria e, portanto, do amor pelas leis[8]. Em Montesquieu, porém, a corrupção não é somente a da virtude: a perfeição dos costumes não significa necessariamente sua pureza.

1. *EL*, VIII, 8.
2. *EL*, VIII, 1.
3. *EL*, VIII, 11.
4. *CR*, X; *EL*, VIII, 2-10.
5. *EL*, VIII, 14.
6. *EL*, VIII, 15-20.
7. *CR*, XVII.
8. *CR*, VIII, p. 114; IX, p. 118; X, pp. 120-2.

Costumes
Fr.: *Moeurs*

* Os costumes, assim como as maneiras, são "usos que as leis não estabeleceram". As leis regulam mais as ações do cidadão, ao passo que os costumes regulam mais as ações do homem. A oposição introduzida entre os dois tipos de regulação ("as leis são estabelecidas, os costumes são inspirados") é dotada de uma função política: dizer que os costumes "atêm-se mais ao espírito geral" significa aconselhar o legislador a respeitá-los[1].

** Existe uma verdadeira dialética das leis e dos costumes. De um lado, as leis devem ser relativas aos costumes e às maneiras, assim como ao princípio dos governos, e toda a arte do legislador consiste em saber se adaptar a isso[2]; a qualidade dos costumes condiciona a obediência às leis: "quando um povo tem bons costumes, as leis se tornam simples"[3]. De outro, os costumes e as maneiras são condicionados pelas leis, em particular nas repúblicas em que a igualdade e a frugalidade são estabelecidas e mantidas pelo direito; podem até derivar diretamente dele, como no caso da Inglaterra[4]. A distinção tipológica é uma vez mais fundamental: cada tipo de governo exige um tipo particular de costumes para conservar seu princípio, que a educação instaura; mas a pureza dos costumes só é exigida nas repúblicas, enquanto as monarquias podem desfrutar de sua relativa liberdade[5]. Sem optar entre uma regulação pelos costumes e uma regulação pelas leis, Montesquieu insiste em realidade na importância decisiva da primeira: nas conquistas, é sem dúvida muito mais necessário não tirar dos povos seus costumes do que suas leis, "porque um povo sempre conhece, ama e defende mais seus costumes que suas leis"[6]; de nada adianta reformar quando a corrupção dos costumes é demasiado grande: "mais Estados pereceram porque os costumes foram violados do que porque as leis foram violadas"[7]. Enfim, embora não se deva confundi-las, cabe pensar em relações de substituição entre as instâncias que governam os homens: enquanto nos povos selvagens e bárbaros a regulação pelos costumes precede a regulação pelas leis, nos povos civilizados ou despóticos os costumes podem suprir as leis e as leis se multiplicarem por falta de costumes[8].

*** O *status* dos costumes parece ambíguo: trata-se ao mesmo tempo de um elemento do espírito geral entre outros e da resultante das causas físicas e morais que o compõem (ver o título do livro XIX do *EL*). A recusa do universalismo abstrato, cuja forma política rematada é a teoria do "melhor regime", fica assim expressa a partir da desejável conformidade das leis aos costumes: o legislador só pode dar aos homens as melhores leis que eles possam "sofrer"[9]. Essa advertência não implica, contudo, nenhum conservadorismo absoluto: é possível mudar os costumes e as maneiras de uma nação, sob condição de fazê-lo por meios "naturais", ou seja, pelo exemplo e não pela lei, pela incitação e não pela coação, de acordo com o princípio de moderação[10].

1. *EL*, XIX, 16, XIX, 12.
2. *EL*, livros III a X; XIX, 20-26.
3. *EL*, XIX, 22; *LP*, CXXIX; *CR*, IX-X.
4. *EL*, V, 3-7; XIX, 27.
5. *EL*, III, 5, V, 7, VII, 8-14, XIX, 5-8.
6. *EL*, X, 11.
7. *CR*, VIII, p. 114.
8. *EL*, XVIII, 1, V, 7, XIX, 12, XV, 16.
9. *EL*, XIX, 21.
10. *EL*, XIX, 14.

Despotismo

Fr.: *Despotisme*

* O governo despótico é aquele em que "um só, sem lei e sem regra, impõe tudo por força de sua vontade e de seus caprichos"[1]. Dá lugar à concentração dos poderes legislativo, executivo e judiciário nas mãos de um só homem, isto é, à insegurança permanente e à ausência de liberdade política: "não se pode falar sem tremer desses governos monstruosos"[2].

** O governo despótico constitui a figura do pior regime político, seu limite até: na ausência de qualquer estrutura política ou social estável e na falta de leis fixas (leis de sucessão política, leis civis, leis penais, política de comércio, direito das gentes), esse regime fica submetido à instantaneidade da arbitrariedade do detentor do poder – o déspota, desejoso de desfrutar dos prazeres sensuais, sempre o entrega a um "vizir", que o passa adiante por sua vez[3]. Não se trata apenas do regime afetado ou mesmo "naturalizado" nos vastos países quentes da Ásia (despotismo "oriental"), mas da tendência inerente a qualquer forma de governo: o despotismo de vários pode ser uma aproximação do despotismo de um só, e as próprias repúblicas podem tender a ele[4]. Por mais que sua descrição vá beber nos mais exóticos relatos de viagem e constituir uma épura simplificada e unívoca, ela devolve igualmente o reflexo caricatural do futuro possível da Europa, que no entanto a geografia e a história – a de um "gênio de liberdade" oposto ao "gênio de servidão" asiático – parecem preservar. Desde as *LP*, esse regime *contranatural*, cujo princípio é o temor, caracteriza-se pela miséria econômica (precariedade da propriedade, ausência de comércio e de indústria, bem como de terceiro estado[5]). Nele, o governo político funciona à imagem do governo doméstico: receber uma ordem e executá-la é o máximo que um eunuco ou um bacha podem fazer para servir seu amo; "vis instrumentos" que o déspota pode destruir quando quiser, eles só existem enquanto souberem obedecer[6] e mostram-se letárgicos ante qualquer empreendimento econômico incapaz de interessá-los pelo lucro[7]. Ameaçado por todos os lados pelo ressurgimento das paixões que ele oprime, o poder despótico está sempre à mercê de uma revolução palaciana análoga a uma revolta de serralho assim que aparecer um usurpador[8]. Regime da igualdade daqueles que não são "nada" e não, como na democracia, daqueles que são "tudo" porque são cidadãos[9], esse governo mostra os efeitos perniciosos do nivelamento e da erradicação das diferenças e das distinções: o reino do favor perpetua nele a precariedade das situações, o reino da arbitrariedade penal gera nele a insegurança, que afeta tanto o déspota como seus súditos; a aparente onipotência não é senão a máscara da impotência real[10]. Ainda que o despotismo seja às vezes conforme à "natureza das coisas" (ao clima quente que aniquila a força e a coragem dos homens), o paradoxo desse regime reside, afinal, na sua própria existência e na servidão aceita pela "maioria" dos povos apesar de seu amor pela liberdade e seu ódio natural da violência: isso decorre, segundo Montesquieu, da facilidade de estabelecer tal regime uniforme, simples e puramente passional[11].

*** A figura do despotismo constitui em certa medida a verdade, por passagem ao limite, da soberania absoluta: dizer que, nesse regime, "o homem é uma criatura que obedece a uma criatura que quer"[12] equivale a criticar a concepção de uma alienação total do direito a se autogovernar. É uma forma de advertência aos governantes, que têm de entender que a autolimitação do poder é conforme a seu próprio interesse: os monarcas que vivem sob as leis fundamentais de seu Estado são "mais felizes que os príncipes despóticos, que não têm nada que possa regrar o coração de seus povos, nem o deles"[13]. Montesquieu sem dúvida não inventou essa categoria, distinta da tirania como forma pervertida ou abuso da monarquia – ela já tinha sido elaborada na França na literatura de oposição à monarquia absoluta –, mas coube a ele ter feito dela uma entidade autônoma dentro de uma classificação dos governos, a fim de determinar o conjunto dos pontos de resistência que permitirão lhe fazer obstáculo. Se o grão-vizir pode figurar Richelieu ou Mazarino e os bachas ou os eunucos encarnar os intendentes é porque a tentação despótica de centralização e de uniformização administrativa, de dirigismo econômico e de simplificação processual, assim como a supressão ou a redução ao silêncio de qualquer poder concorrente ao do rei, ameaçam corromper as monarquias europeias até um ponto de não retorno: "A maioria dos povos da Europa ainda são governados pelos costumes. Mas, se por um longo abuso de poder, se por uma grande conquista o despotismo se estabelecesse num certo ponto, não haveria costumes ou clima que pudessem resistir; e, nessa bela parte do mundo, a natureza humana sofreria, ao menos por um tempo, os insultos que lhe fazem nas três outras."[14]

1. *EL*, II, 1.
2. *EL*, III, 9.
3. *EL*, II, 5, V, 14-16.

4. *EL*, XI, 6.
5. *LP*, XIX, CXV, *EL*, V, 14, XXII, 14.
6. *LP*, XXI.
7. *LP*, CXV.
8. *LP*, LXXX. Cf. CXLI.
9. *EL*, VI, 2.
10. *LP*, CII-CIII, ver *CR*, XV, p. 150.
11. *EL*, V, 14.
12. *EL*, III, 10.
13. *EL*, V, 11, ver *LP*, CII-CIII, CXLI.
14. *EL*, VIII, 8.

Direito natural

Fr.: *Droit naturel*

* As leis da natureza, "derivadas da constituição de nosso ser", são descobertas no estado de natureza: não são normas racionais prescritivas, como para os jurisconsultos do direito natural moderno, mas leis instintivas, comuns em sua maioria aos homens e aos animais, que a analogia animal permite estabelecer: desejo de paz, de se alimentar, de procriar, de viver em sociedade[1]. No estado civil, o direito natural se reduz essencialmente ao princípio de conservação e de pudor: "quem não percebe que a defesa natural é de ordem superior a todos os preceitos?"; "as leis da pudicícia são do direito natural e devem ser sentidas por todas as nações do mundo"[2].

** A relação entre leis naturais e direito natural é complexa. De um lado, subsistem no estado civil marcas históricas das leis descobertas no estado de natureza, mesmo que a paz e a igualdade, que desapareceram no momento da passagem para a sociedade, só tenham podido ser restabelecidas pelas leis: assim, o que é do âmbito de uma lei de natureza descritiva (desejo de conservação) pode se tornar uma norma no estado civil, como no caso da legítima defesa[3]. A essa consideração das tendências naturais do homem (que incluem o pudor, próprio dos seres inteligentes) agregam-se, contudo, no seio do estado civil, normas racionais: no tocante ao direito de conquista, Montesquieu distingue a "lei da natureza, que faz que tudo tenda à conservação das espécies" da "lei da luz natural, segundo a qual devemos fazer ao outro o que gostaríamos que ele nos fizesse"[4]. E, no tocante à Inquisição, o *EL* menciona também os "frouxos lampejos de justiça que a natureza nos dá", independentemente da Revelação[5]. Deve-se concluir daí que o direito natural assim definido equivale a uma justiça natural? Certamente, contra o positivismo jurídico hobbesiano, Montesquieu invoca a existência de uma justiça anterior às convenções humanas: "Antes que houvesse leis feitas, havia relações de justiça possíveis."[6] Mas a existência de "relações de equidade" anteriores às leis positivas que as estabelecem simplesmente permite fundamentar as obrigações políticas, religiosas, morais e jurídicas: porque os homens, seres sujeitos ao erro e apaixonados, tendem a violar incessantemente as leis que os governam, as leis da religião, as leis morais, e as leis civis devem constantemente chamá-los à ordem[7]. No estado civil, em compensação, o direito natural se torna uma forma de regulação entre outras, distinta tanto do direito das gentes como do direito canônico e do direito civil. Longe de ser fruto da "reta razão", ele geralmente é apenas efeito do sentimento ou do instinto. A abordagem relativista, a da conformidade das leis às situações singulares[8], encontra aqui um limite: o universal reaparece sob a forma não de prescrições positivas, mas de imperativos negativos que permitem invalidar leis ou costumes existentes. A defesa natural e o pudor natural funcionam nesse sentido como invariantes erigidas em normas, que permitem não capitular perante os fatos declarando iníquas certas leis civis ou inepta a aplicação sistemática de certos preceitos religiosos[9].

*** O discurso de Montesquieu sobre o direito natural parece por vezes contraditório, misturando apreciações clássicas (pelo direito natural, "todos os homens nascem livres e independentes", o que possibilita atacar a escravidão[10]; a autoridade política está baseada no direito natural, pois a anarquia, autodestrutiva, lhe é contrária[11]; o direito natural coincide com um princípio de justiça anterior ao estabelecimento das sociedades) e considerações de grande originalidade (o direito natural é apenas um direito entre outros). A dificuldade toda está, na verdade, na identificação do "natural" e na linha divisória que convém estabelecer entre as diferentes ordens de direito: embora seja fácil estabelecer uma demarcação entre as obrigações naturais e as obrigações civis em matéria de relações filiais ("a lei natural ordena aos pais alimentarem seus filhos, mas não obriga a fazê-los herdeiros"[12]), é, em contrapartida, delicado, no caso dos casamentos consanguíneos, "fixar claramente o ponto em que acabam as leis da natureza e começam as leis civis"[13]. O caráter de *universalidade* inerente à natureza não impede, no tocante a isso, que a linha de divisão entre direito natural e direito civil seja flutuante e que o segundo possa, no limite, "modificar" os princípios do primeiro[14].

1. *EL*, I, 2, ver *DoEL*, I, 2.
2. *EL*, XXVI, 7; XV, 12 e XVI, 12.
3. *EL*, X, 2.
4. *EL*, X, 3.
5. *EL*, XXV, 13.
6. *EL*, I, 1, ver *LP*, LXXXIII; *MP*, 1266.
7. *EL*, I, 1.
8. *EL*, I, 3, XIX, 21.
9. *EL*, X, 3, XII, 14, VI, 17, XV, 8, XXVI, 3-4, 7.
10. *MP*, 174.
11. *MP*, 883.
12. *EL*, XXVI, 6.
13. *EL*, XXVI, 14.
14. *EL*, XXVI, 3.

Distribuição dos poderes

Fr.: *Distribuition des pouvoirs*

* A distribuição dos três grandes poderes do Estado (legislativo, executivo e judiciário) permite preservar a liberdade política, evitando, "pela disposição das coisas", os abusos de poderes a que os homens são naturalmente levados[1].

** Depois do esboço das *CR*[2], Montesquieu expõe seus princípios na descrição idealizada da Constituição da Inglaterra, que tem por objetivo direto a liberdade política[3]. Enquanto nos Estados despóticos, bem como em certas repúblicas, a concentração dos poderes nas mãos de um homem ou de um corpo ameaça o cidadão com arbitrariedades, a distribuição dos poderes, que podem se cercear e se contrabalançar, torna possível garantir institucionalmente o que a probidade individual não permite assegurar: "É uma experiência eterna a de que todo homem que possui poder é levado a dele abusar; ele vai até onde encontra limites. Quem diria! A própria virtude precisa de limites."[4] Dividir e equilibrar os poderes não significa, contudo, separá-los: se for capital que o poder judiciário, tornado "invisível e nulo", seja separado do executivo, as relações entre os poderes legislativo e executivo ficam complexas. Longe de o poder de legislar, o poder de executar e o poder de julgar deverem ser distribuídos entre três órgãos absolutamente distintos, plenamente independentes e perfeitamente isolados, existem vários elementos de interferência que não contravêm à liberdade. *Do ponto de vista da atribuição dos poderes, primeiro*: as leis elaboradas e votadas pelo Parlamento só entram em vigor se o monarca o consente e "o poder executor faz parte do legislativo" por seu direito de veto. Reciprocamente, o Parlamento intervém ante o executivo que ele tem por tarefa controlar: "Num Estado livre, o poder legislativo tem o direito e deve ter a faculdade de examinar de que maneira as leis que ele fez foram executadas"; os ministros devem "prestar contas" de sua administração ao Parlamento e "justificar sua conduta" perante os representantes do povo. A não confusão dos poderes não implica, portanto, separação material das pessoas: o não acúmulo concerne apenas à totalidade dos poderes tomados em bloco, o que não impede superposições parciais; por isso uma certa parte do corpo legislativo (a Câmara dos Lordes) poderá julgar alguns assuntos particulares (concernentes aos nobres). *Do ponto de vista das competências, em seguida*: Montesquieu supõe o direito do governo de convocar e adiar o Parlamento, de regular o momento da realização e a duração das sessões parlamentares, enquanto as Câmaras supostamente cumprem um papel na escolha dos ministros feita pelo monarca. Por fim, e sobretudo, a distribuição das forças deve ser social e não simplesmente jurídica: dentro do próprio poder legislativo, os "interesses" dos diferentes poderes que encarnam os pontos de vista do povo ou os da nobreza devem ser postos na balança para preservar a liberdade.

*** A imensa fortuna que essa teoria de Montesquieu conheceu não deve ocultar que, para ele, trata-se somente de destacar, graças ao "espelho" inglês, as condições oportunas da liberdade política; o que não significa que os ingleses dela gozem "atualmente" – Montesquieu tomara conhecimento, em particular, da corrupção eleitoral –, nem que se deva "rebaixar os outros governos ou dizer que essa extrema liberdade política deve mortificar aqueles que só gozam de uma liberdade moderada"[5]. O modelo inglês não é universalizável, ele apenas fornece um padrão conforme ao qual o grau de liberdade das outras constituições poderá ser julgado.

1. *EL*, XI, 4.
2. *CR*, VIII, pp. 115-6, XI, pp. 124-5.
3. *RL*, XI, 6-7.
4. *EL*, XI, 4, *S.*, pp. 1.357-8.
5. *EL*, XI, 6.

Educação

Fr.: *Éducation*

* À educação particular, que, numa perspectiva sensualista, deve consistir em fornecer as ideias e proporcioná-las com o justo valor das coisas, sucede uma educação "geral" na sociedade, que difere segundo os regimes políticos e os espíritos gerais. As impressões da infância podem se modificar sob a influência de novos esquemas de associação e graças à criação de novas configurações de ideias ao longo de toda a vida[1]. As leis da educação, que não se limitam à instrução das crianças, mas compreendem a formação dos cidadãos, são relativas a cada espécie de governo, em que devem ter como objetivo favorecer o princípio[2].

** A educação está ligada a princípio ao grau de desenvolvimento dos povos: apenas nos povos civilizados, e não entre os selvagens e os bárbaros, é que se recebe uma educação geral na sociedade[3]. A teoria da gênese das ideias é que fornece o fundamento epistemológico dessa teoria: a educação dita "particular" (aquela de cada indivíduo no âmbito da família) está ausente nos povos primitivos, caracterizados por uma "penúria de ideias" e uma rigidez das fibras de seus cérebros que os torna incapazes de instrução. As virtudes da educação são, desse ponto de vista, indubitáveis: "A educação não multiplica nossas ideias sem multiplicar também nossos modos de sentir. Ela aumenta o sentido da alma, refina suas faculdades."[4] Mas a educação é profundamente diversificada segundo os regimes políticos, em que deve reproduzir as condições de perpetuação de cada ordem. O caráter coercitivo da educação varia: enquanto o temor nasce por si só entre as ameaças e os castigos, e a honra, favorecida pelas paixões, as favorece por sua vez, é no governo republicano, em que a virtude é sempre uma coisa "muito penosa", que se precisa da "onipotência da educação"[5]. Nele, o patriotismo deve ser insuflado, desde a mais tenra idade, no seio da família, e deve ser mantido em seguida por meio de instituições "singulares" que garantam a desnaturação do homem ensinando-lhe a sempre subordinar seu interesse particular ao interesse público[6]. Nas monarquias, em compensação, a contradição entre as diferentes educações recebidas (dos pais, dos professores, do mundo), bem como o contraste entre os compromissos da religião e os da sociedade, tornam impossível a educação para a virtude: a aprendizagem do código de honra, cujos preceitos estão articulados à ideia de grandeza, se dá no mundo segundo o princípio de uma disjunção entre intenções subjetivas – desejo de se distinguir – e resultados sociais[7]. Nos Estados despóticos, enfim, a educação, destinada a formar escravos, reduz-se ao estritamente mínimo, ela é de certo modo "nula": longe de transmitir um saber ou de ensinar a virtude, "ela se reduz a instalar o temor no coração e a dar ao espírito o conhecimento de alguns princípios bem simples de religião"[8].

*** A teoria da educação proposta por Montesquieu é ambígua: por um lado, a aprendizagem, que, na ausência de qualquer ideia inata, consiste em fornecer ideias e ensinar a relacioná-las entre si, é decisiva e se dá tanto sob a égide dos mestres, "fabricantes de ideias", como sob o efeito dos livros, do comércio do mundo ou então das viagens – da experiência em geral. Mas os riscos associados a uma má educação, que estraga a principal faculdade da alma (a de comparar), são igualmente grandes[9]. Assim, a noção de "perfectibilidade", que não está presente como tal em Montesquieu e que Rousseau irá utilizar, transparece em filigrana.

1. *EC*, passim.
2. *EL*, livro IV.
3. *EC*, p. 33.
4. *EC*, pp. 53-4.
5. *EL*, IV, 5.
6. *EL*, IV, 6.
7. *EL*, IV, 2.
8. *EL*, IV, 3.
9. *EC*, p. 57.

Escravidão civil

Fr.: *Esclavage civil*

* A escravidão civil propriamente dita "é o estabelecimento de um direito que torna um homem tão próprio de um outro homem que ele passa a ser o senhor absoluto de sua vida e de seus bens"[1]. Montesquieu adota ante a escravidão uma atitude ao mesmo tempo radical e ambígua: denunciando como sofísticas as justificações da servidão até então empregadas (direito da guerra, alienação voluntária, nascimento)[2], acaba contudo admitindo, fundamentando-a numa natureza das coisas, uma escravidão "muito suave" e "conforme à razão", da qual cumpre apenas afastar os abusos e evitar os perigos mediante um tratamento conforme à humanidade[3].

** A lista de argumentos de Montesquieu contra as justificações jusnaturalistas da escravidão aplica-se tanto à negação de um direito de matar durante a guerra, a não ser em caso de necessidade (a ausência de direito de conquista gera a do direito de submeter em troca da vida salva)[4], quanto à negação do direito de alienar a própria liberdade: tal ato, por não ter contrapartida verdadeira, é iníquo e nulo; a própria liberdade, que não pertence somente ao indivíduo, mas à pátria, "não tem preço para quem a vende". Longe de qualquer consentimento livre ser válido, a rejeição da alienação voluntária deve provir de uma consideração das condições de validade de um contrato, que não pode ser passado por um louco: "Vender sua qualidade de cidadão é um ato de tamanha extravagância que não pode ser suposto em um homem."[5] Como lembrará igualmente Rousseau, a sujeição por filiação cai em consequência disso: pois, não podendo se vender, um homem pode menos ainda alienar a liberdade de seus filhos. Nenhuma categoria de cidadãos pode ser arbitrariamente excluída dos benefícios da sociedade: somente a utilidade que a submissão às leis representa pode por vezes justificar a privação de gozo dos direitos até então garantidos. Como a lei da escravidão é sempre contrária aos interesses do escravo, ela é, portanto, segundo Montesquieu, "contrária ao princípio fundamental de todas as sociedades" bem como ao direito natural[6]. O pretenso "direito" de sujeitar nada mais é que a legitimação *a posteriori* de uma violência de fato, que dissimula os interesses econômicos sob elucubrações fisiológicas: o argumento da cor da pele irá possibilitar que os plantadores e a indústria açucareira degradem os "negros" da humanidade e os explore sem escrúpulos[7]. Portanto, a condenação da escravidão é a princípio radical: a escravidão civil "não é boa por sua natureza: não é útil nem ao amo nem ao escravo". Mas a tipologia política assim como as condições naturais intervêm logo de início para nuançar essas colocações. Por um lado, a escravidão, excluída das repúblicas e das monarquias[8], é mais "tolerável" nos países despóticos, em que os homens já sofrem a escravidão política e são felizes de ter a vida e a subsistência garantidas. Depois de ter dito que a liberdade do homem era de um preço infinito para aquele que a vende, Montesquieu acaba afirmando que, em certos países despóticos, a liberdade "não vale nada": é possível acabar querendo se vender aos senhores para escapar de uma tirania maior. Voltando atrás da afirmação de que a sujeição, necessariamente iníqua, não pode depender de um contrato, o *EL* acaba por louvar a justiça da "convenção recíproca" pela qual um homem livre escolhe, "para sua utilidade", um amo[9]. Por outro, a "natureza das coisas" parece além disso *naturalizá-la* nos países meridionais onde o calor irrita os corpos, tornando os homens inaptos para qualquer trabalho se não forem estimulados pelo temor do castigo. A escravidão colonial parecerá, por esse motivo, tolerada[10].

*** As tensões que acometem essa teoria da escravidão são inegáveis e jogam com a ambivalência do termo "natureza": "Mas, como todos os homens nascem iguais, cumpre dizer que a escravidão é contra a natureza, embora em certos países esteja fundamentada numa razão natural; e cumpre bem distinguir esses países daqueles em que as próprias razões naturais a rejeitam, como os países da Europa em que felizmente ela foi abolida."[11] Desse ponto de vista, trata-se sobretudo de preservar a *Europa* dos males da servidão. Mas Montesquieu acaba denunciando os limites ideológicos de seu próprio discurso ao depositar suas esperanças no progresso técnico[12].

1. *EL*, XV, 1.
2. *MP*, 174.
3. *EL*, XV, 11 a 19.
4. *EL*, X, 3.
5. *EL*, XV, 2.
6. *EL*, XV, 2, *MP*, 174.
7. *EL*, XV, 5.
8. *EL*, XV, 1.
9. *EL*, XV, 6.
10. *EL*, XXI, 21.
11. *EL*, XV, 7.
12. *EL*, XV, 8.

Espírito

Fr.: *Esprit*

* O espírito não designa uma faculdade subjetiva dotada de uma natureza, mas o lugar onde se produzem associações de ideias e de sentimentos forjados pela experiência e promovidos, nos indivíduos, pela estrutura de espera do desejo[1] – a curiosidade: "os povos, como cada indivíduo, têm uma sequência de ideias"[2].

** A noção de espírito pode, portanto, ser entendida em diversos níveis, individual ou coletivo, que interagem entre si: "o espírito de comércio", que é efeito das práticas individuais de negociação e de interdependência, produz em geral um certo sentimento de justiça exata[3]. Desse modo, o espírito nunca é uma entidade autônoma e separada: assim como o espírito humano é entendido como centro tópico de uma rede de relações, o espírito geral é resultado de uma multidão de fatores e o espírito das leis designa a relação estabelecida entre a esfera jurídica e esses diversos fatores (clima, natureza do terreno, tipo de vida dos povos, religião, riquezas, costumes e maneiras)[4].

*** O espírito permite passar da diversidade dos fatores para a unidade não intencional que dela resulta, com base no modelo químico do misto – o espírito sendo, para os alquimistas, a essência como resultado da destilação. A passagem constante do individual para o coletivo só é possível porque Montesquieu se emancipa de um dualismo rígido: "o sentimento do espírito é quase sempre um resultado de todos os diferentes movimentos produzidos nos diferentes órgãos de nosso corpo [...]. A alma é, no nosso corpo, como uma aranha em sua teia"[5]. Por isso é que tanto as causas físicas como as causas morais podem afetar os espíritos. Se as primeiras determinam até certo ponto a vivacidade da inteligência ou a aptidão para o autocontrole, as segundas influenciam por intermédio da educação e das escolhas realizadas no plano dos hábitos: "fazemos para nós o espírito que nos agrada e somos seus verdadeiros artesãos"[6]. Se, portanto, a hipótese de uma pura consciência é severamente questionada pela impossibilidade de abstrair o espírito das múltiplas influências que sobre ele se exercem, ao menos a educação permite em certa medida que os homens adquiram espírito, isto é, uma justa percepção das relações que lhes possibilitarão conhecer e agir oportunamente: "Um homem tem espírito quando as coisas produzem sobre ele a impressão que devem produzir, seja para lhe dar condições de julgar, seja para lhe dar condições de agradar."[7]

1. *Goût*, p. 1.243.
2. *MP*, 1794.
3. *EL*, XX, 2.
4. *EL*, I, 3.
5. *EC*, pp. 48-9.
6. *EC*, p. 64.
7. *EC*, p. 57; *Goût*, p. 1.243.

Espírito geral
Fr.: *Esprit général*

* O espírito geral de um povo resulta de várias coisas que "governam os homens": o clima, a religião, as leis, as máximas

do governo, os exemplos das coisas passadas, os costumes, as maneiras. Ele constitui a unidade não intencional de uma pluralidade de causas físicas e morais que se organizam de maneira variada segundo as nações e determinam seu caráter: "À medida que, em cada nação, uma dessas causas age com mais força, as outras lhe cedem o mesmo tanto."[1]

** Nas *CR*, o conceito de *espírito geral* aparece pela primeira vez sob a pena de Montesquieu, primeiro para designar o que sustenta a tirania ("essa pavorosa tirania dos imperadores provinha do espírito geral dos romanos", que passaram sem transição da liberdade para a servidão conservando seu humor feroz[2]), depois, ao contrário, o que a limita: "o poder mais imenso está sempre restrito por alguma cunha". Assim, é impossível para o rei da Pérsia obrigar seus súditos a beber vinho: "Em cada nação há um espírito geral, sobre o qual o próprio poder está fundamentado; quando ele afronta esse espírito, afronta a si mesmo e cessa necessariamente."[3] O espírito geral resulta dos "exemplos recebidos", forjando os costumes que "reinam tão imperiosamente quanto as leis"[4]. Tanto aqui como, antes, a propósito do "caráter comum" que governa as sociedades[5], a noção é introduzida no encontro do político com a sociedade civil: trata-se de um "espírito de obediência" ou de resistência ao poder, o espírito geral constituindo a um só tempo – contra qualquer concepção absolutista da soberania – o fundamento e o limite da submissão. A gênese acidentada do conceito traduz a partir daí um enriquecimento notável do que Montesquieu institui em face do Estado e cuja aliança ou hostilidade condiciona a influência política: o conceito de costumes, de início substancialmente equivalente ao de espírito geral, termina figurando nele apenas como um fator entre outros no seio de um feixe de determinações morais e físicas. A teoria da causalidade global elaborada no *EC* permite especificar a ação exercida sobre os espíritos e os caracteres, que se parece com uma forma de educação: "pois há, em cada nação, um caráter geral, que o de cada particular toma para si em maior ou menor medida. Ele é produzido de dois modos: pelas causas físicas, que dependem do clima, de que já não falarei; e pelas causas morais, que são a combinação das leis, da religião, dos costumes e das maneiras com essa espécie de emanação da forma de pensar, do ar e das bobagens da Corte e da Capital, que se alastram". A esse título, as sucessivas definições permitem avaliar o trajeto percorrido[6]: passa-se do que governa os "Estados" para o que governa "os homens"; o clima, omitido na primeira enumeração, passa em seguida para primeiro plano nas duas seguintes, extirpando a religião; por fim, os "exemplos das coisas passadas" aparecem no *EL*, em que se justapõem às "máximas do governo", presentes na primeira versão, mas eliminadas na segunda. Ali onde o primeiro texto insistia na interdependência dos fatores e na impossibilidade de alterar um sem provocar "uma espécie de dissonância", os dois outros, em contrapartida, sublinham a preponderância de um dos fatores, dominância variável segundo os povos e segundo as épocas.

*** O *espírito geral*, conceito fundamental do *EL*, atesta a originalidade metodológica de Montesquieu: aplicado a uma coletividade, aparece como efeito da composição de diferentes fatores, de sua variação gradual e de sua compensação, que administra sempre a existência de uma dominante. A enumeração de Montesquieu não se ordena segundo a dualidade rígida das causas físicas e das causas morais, mas supõe, de certa maneira, sua mistura: as variáveis não são independentes. Ao final de sua elaboração, o espírito geral constituirá, portanto, uma unidade de ordem não intencional, combinação ou efeito histórico que exclui tanto a ideia de um *princípio* orgânico de vida quanto a de um voluntarismo absoluto do legislador.

1. *EL*, XIX, 4.
2. *CR*, XV, p. 147.
3. *CR*, XXII, p. 202.
4. *CR*, XXI, p. 193.
5. *Da política*, t. I, p. 114.
6. *MP*, 542, 854, *EL*, XIX, 4.

Estado de natureza

Fr.: *État de nature*

* O estado de natureza é aquele em que o homem se encontra antes do estabelecimento das sociedades civis, na ausência de qualquer subordinação política e abstração feita das conquistas da civilização. Trata-se de um estado de igualdade e de independência[1]. Contra a concepção hobbesiana, esse estado, regido por uma forma de sociabilidade natural, é pacífico. O estado de guerra só aparece com a instituição das sociedades, antes do estabelecimento do direito destinado a remediá-lo[2].

** Sem renunciar à realização hipotética da descrição do estado de natureza, formulado como uma experiência de pensamento descrita no condicional (com valor de eventual), Montesquieu na verdade descreve apenas um primeiro momento na evolução da organização das sociedades humanas: "*antes* de todas essas leis, estão as da natureza...". Esse estado de natureza, a que se remonta ficticiamente, é na verdade histórico de ponta a ponta: põe em cena a evolução entre o momento primeiro em que os homens isolados, regidos unicamente pelo instinto de conservação, sentiriam "inicialmente" apenas sua fraqueza e suas necessidades e seriam levados a fugir de seus semelhantes, desses mesmos de quem "as marcas de um temor recíproco *em breve* os incitaria a se aproximar". A mutação aparece novamente entre o estágio primitivo em que a faculdade de conhecer do indivíduo permanece em estado latente e aquele em que os homens "ainda conseguem ter conhecimentos", o que lhes permite agregar ao sentimento animal de sociabilidade um segundo vínculo, racional, propriamente humano[3]. Essa concepção, que insiste nos erros devidos à recorrência, permite opor a Hobbes o caráter pacífico do estado de natureza: "Os animais (e é sobretudo neles que se deve ir procurar o direito natural) não fazem a guerra contra os de sua espécie, porque, sentindo-se iguais, não têm desejo de se atacar."[4] As leis de natureza descobertas nesse estado contradizem a ideia de um desejo primitivo de dominação (ver direito natural). A acusação que Rousseau fará aos jurisconsultos — acreditando descrever o homem natural, eles retratam o homem civil — será o eco dessa crítica: em vez de recorrer a um método analítico, eles deveriam ter procedido geneticamente. O espírito assim como as paixões têm uma história, a do desenvolvimento gradual dos conhecimentos e das necessidades[5].

*** Acaso a presença, por mais furtiva que seja, da sequência estado de natureza-contrato social – união das vontades e das forças que formam o Estado – no livro I do *EL*[6] não contradiz a abordagem do livro XVIII, em que a gênese do direito não é apresentada como uma criação *ex nihilo*, mas como um processo de desenvolvimento gradual relativo ao modo de subsistência dos povos (o advento do direito sendo concomitante ao da agricultura e da propriedade fundiária)? Na verdade, a dualidade dos pontos de vista (ponto de vista da gênese, ponto de vista da história) não parece inconciliável: em primeiro lugar, o recuo ao estado de natureza se vale classicamente de ilustrações ou aproximações históricas, e são então os "homens selvagens" que servem de exemplo privilegiado dessas comunidades anteriores ao governo e ao direito. Se, no *EL*, o homem invocado vem das florestas de Hanover[7] nos *Pensamentos*, os primitivos mencionados são os ameríndios[8]. Antes do uso do dinheiro e da invenção da agricultura e, portanto, antes da instituição das leis e da instauração da autoridade política, os homens que vivem numa condição de liberdade natural podem facilmente figurar os do estado de natureza. Na verdade, porém, são os povos bárbaros vindos do Norte e não os povos selvagens da América que constituem a referência privilegiada do estado pré-político[9]. A saída do estado de natureza deu-lhes o tempo, por meio das conquistas, de difundir suas crenças: "fábrica dos instrumentos que rompem os grilhões feitos no sul", o norte da Europa fornece o terriço dessas nações valorosas, "que saem de seus países para destruir os tiranos e os escravos e ensinar aos homens que, como a natureza os fez iguais, a razão só pode tê-los tornado dependentes para sua felicidade"[10]. A mensagem veiculada pelo estado de natureza nos teóricos do direito natural moderno é aqui entregue *em mãos* pelas invasões bárbaras.

1. *EL*, VIII, 3, XXVI, 15.
2. *EL*, I, 2-3.
3. *EL*, I, 2.
4. *DEL*, I, 2.
5. *EL*, XVIII, 15.
6. Ver também *EL*, XXVI, 15.
7. *EL*, I, 2.

8. *MP*, 38.
9. *EL*, XXX, 19.
10. *EL*, XVII, 5.

Gosto

Fr.: *Goût*

* "A definição mais geral do gosto, sem considerar se ele é bom ou mau, justo ou não, é o que nos liga a algo pelo sentimento."[1] O gosto deve permitir descobrir com fineza e prontidão a "medida do prazer" que cada coisa deve proporcionar aos homens[2].

** A afirmação cética da subjetividade e da relatividade do juízo de gosto pode ser superada mediante a referência à constituição, decerto "arbitrária", da máquina humana: a uma conformação fisiológica comum à espécie, a uma certa contextura dos órgãos sensoriais e a uma certa penetração de nossa atenção convém um certo número de "leis" destinadas a otimizar os prazeres da alma (prazeres da ordem, da variedade, da simetria, dos contrastes, da surpresa...). Em suma, as causas do prazer estético não são arbitrárias, a concordância das sensibilidades está fundamentada na natureza. A arte de agradar pode portanto ser reduzida a regras, sob condição de não se tomar essas regras por normas absolutas que determinem um belo objetivo e ideal, mas por simples regras de conveniência, que exprimem uma relação de conformidade externa entre o espírito e o objeto estético.

*** À primeira vista, o método do *EL* parece proibir a concepção de uma autêntica norma do gosto: a diversidade das sensibilidades, a ideia de uma variação climática da estrutura da atenção e da vivacidade da imaginação[3], bem como a relatividade das produções culturais em função dos costumes singulares dos povos – cristalizada no conceito de espírito geral – não excluiriam de saída a constituição de uma estética com vocação universal? No *EL*, o gosto é simplesmente a instância social de apreciação do mérito, que se desenvolve muito particularmente nas monarquias, onde as mulheres são seu árbitro e onde ele suscita o desenvolvimento econômico por intermédio das modas⁴. Mas, num dos artigos "Gosto" da *Enciclopédia*, a estética de Montesquieu se dá como objetivo analisar as causas dos prazeres da alma para possibilitar que os homens *formem o gosto*. Embora "o gosto natural não seja um conhecimento teórico; é uma aplicação diligente e rebuscada das próprias regras que não se conhecem"⁵, é no entanto possível educar a sensibilidade graças ao conhecimento das fontes de prazeres e de sua medida adequada.

1. *Goût*, pp. 1.242-3.
2. *Goût*, p. 1.240.
3. *EL*, XIV, 2-4.
4. *EL*, IV, 2, XIX, 8.
5. *Goût*, p. 1242.

Honra

Fr.: *Honneur*

* A honra é o princípio das monarquias: associada à força das leis, substitui nelas a virtude política para inspirar as "mais belas ações" e conduzir esse governo a seu objetivo. Aparentada com a ambição ou com o desejo de reputação (sua natureza é a de demandar "preferências e distinções"), essa paixão dominante anima uma estrutura constituída pelos poderes intermediários, que controlam a conformidade das ordenações reais às leis fundamentais, garantindo assim a limitação da soberania que o absolutismo ameaça. Enquanto "preconceito de cada pessoa e de cada condição", que "penetra em todas as formas de pensar e em todos os modos de sentir", a honra vincula cada indivíduo às prerrogativas de seu corpo e à dignidade de sua ordem, conciliando por isso mesmo o imperativo de lealdade ao príncipe com o imperativo de desobediência às ordens infamantes¹.

** Ainda que nas *LP* honra e amor à pátria não tenham sido realmente distinguidos, fazendo das repúblicas o santuário do desejo de reputação², no *EL*, o Estado funciona graças à honra sem a conversão do homem privado em homem público exigida nas repúblicas: nesse texto, a "renúncia" a si e o "sacrifício" são inúteis, e a exigência imposta à natureza pelas virtudes heroicas e quase sobre-humanas dos antigos já não se impõe. A subordinação voluntária do interesse privado ao interesse público, que caracteriza a virtude republicana, e o sufocamento autoritário dos interesses, que define o despotismo, são substituídos nas monarquias por sua harmonização involuntária: "A honra faz mover todas as partes do corpo político; sua própria ação as liga; e verifica-se que cada qual contribui para o bem comum acreditando contribuir para seus interesses particulares."[3] Essa honra "falsa" (do ponto de vista da moral e da religião) é dita útil para o público: desde as *LP*, a denúncia da honra como preconceito irracional e bárbaro absolutamente não implica sua invalidação como princípio político; "tesouro" sagrado[4], a honra pode ser utilizada no âmbito de uma estratégia aristocrática de resistência ao poder arbitrário dos monarcas. Princípio legiferante que prescreve, autoriza e proscreve, ele é dotado de um código, aprendido no mundo, cujo respeito imperativo, superior ao dever de obediência às leis, permite "modificar" a obediência submetendo-a a suas "regras contínuas" e a seus "caprichos longos": os súditos tornam-se, assim, *autônomos* por estarem submetidos a uma *outra norma*[5]. Mas os efeitos não intencionais dessa paixão não são apenas políticos: de um ponto de vista social e econômico, a polidez e o luxo que resultam do desejo de se distinguir também permitem pensar na convergência involuntária dos interesses na ausência de virtude.

*** A questão da relação entre virtude e honra se situa no centro da controvérsia suscitada pela publicação da obra, não só entre os teólogos[6], mas também entre os filósofos (Rousseau, Voltaire, Saint-Lambert…). A distinção entre o "homem respeitável [honnête homme]", perfeito cidadão das monarquias apesar, ou melhor, por causa de seu egoísmo, e o "homem de bem", cujas intenções estão colocadas a serviço do Estado, é polêmica; a definição da honra tinha necessariamente de chocar espíritos acostumados, na continuidade da tradição aristotélica, a ver a honra definida como o "preço da virtude". Ora, ao aplicar à monarquia o esquema mandevilliano dos "vícios privados, virtudes públicas", Montesquieu recusa o universalismo da virtude. Não só esse regime pode funcionar de maneira eficaz sem constranger as inclinações naturais dos súditos, como a lógica da preservação da honra *exclui* por natureza a virtude[7]; não só as virtudes criadas pela honra são independentes das regras da religião ou da moral e estão incrustadas na lógica egoísta da distinção – "elas são menos o que devemos aos outros do que o que devemos a nós mesmos: elas não são tanto o que nos aproxima de nossos concidadãos quanto o que nos distingue deles"[8] –, mas a desigualdade e sobretudo o luxo que dela resulta, indispensável para a conservação do Estado, acarretam inevitavelmente uma corrupção dos costumes, que não deve ser deplorada na medida em que possibilita fazer prosperar a economia[9].

1. *EL*, III, 6-8, IV, 2.
2. *LP*, LXXXIX-XC.
3. *EL*, III, 7.
4. *LP*, LXV, LXXXIX, *EL*, V, 18.
5. *EL*, III, 8-10, IV, 2.
6. *DEL*, pp. 1.180-3.
7. *MP*, 1845, *EL*, III, 5.
8. *EL*, IV, 2.
9. *EL*, XIX, 5-9.

Leis

Fr.: *Lois*

* As leis, "em seu significado mais extenso, são as relações necessárias que derivam da natureza das coisas"[1].

** Definidas como *relações*, portanto, as leis em geral não são necessariamente concebidas como *comandos* de uma autoridade superior (divina ou humana). As *LP* já tinham afirmado que "a Justiça é uma relação de conformidade que se verifica realmente entre duas coisas"[2]. O sentido estabelecido pela física moderna de relação constante entre fenômenos variáveis é privilegiado aqui: "relação constantemente estabelecida" de modo tal que "cada diversidade é uniformidade, cada mudança é constância", a lei não denota a princípio nenhum imperativo de origem religiosa, moral ou política. O que, em Descartes ou Espinosa, era simples metáfora (aplicar a lei-comando às coisas da natureza) torna-se a definição geral que se aplica de modo unívoco a todos os seres: "a Divindade tem suas leis, o mundo material tem suas leis, as inteligências superiores ao homem têm suas leis, os animais têm suas leis, o homem tem suas leis". Tal univocidade (recusa de distinguir obrigação moral de necessidade física) não impede que as leis sejam mais ou menos necessitantes: o mundo inteligente não é tão bem governado quanto o mundo físico[3]. Ser racional sensível, o homem, cujo corpo segue as leis do mundo material, é levado, enquanto inteligência finita por sua ignorância e suas paixões, a desconhecer ou transgredir suas leis – por isso terá de instituir novas leis, as legalidades religiosas, morais e políticas vindo de certo modo compensar a falta de determinação natural. Sobretudo as próprias leis positivas, que suprem o esquecimento das relações naturais de equidade, não são arbitrárias; as leis devem exprimir múltiplas relações, ser relativas ao conjunto dos fatores que formam o espírito geral de um povo:"Elas devem ser tão próprias ao povo para o qual são feitas que apenas por mero acaso as leis de uma nação podem convir a outra."[4] Relatividade à natureza e ao princípio do governo, à física do país (clima, natureza do terreno, modo de subsistência), a seus costumes e a suas maneiras, a sua economia (comércio, moeda, população) e a sua religião, relatividade das leis entre si, à sua origem e ao objetivo do legislador: são precisamente essas diferentes relações que serão objeto do estudo do espírito das leis. Porque os homens são governados por diferentes tipos de leis (direito natural, direito canônico, direito das gentes, direito político, direito civil, direito doméstico), a arte do legislador e a "sublimidade da razão humana" consistirão, ademais, em saber qual é o domínio de jurisdição de cada ordem de leis[5].

*** A definição da lei como relação imanente aos fenômenos, da qual a lei-comando é apenas uma modalidade, é de uma originalidade e de uma audácia extremas. A crítica, que não irá se limitar aos teólogos que acusarão Montesquieu de ter alterado deliberadamente a "definição ordinária da lei"[6], irá se indignar amiúde: tal redução não trairia uma linguagem espinosista? Uma vez dito que a própria divindade segue leis necessárias, a oposição de Montesquieu à "fatalidade cega" de Espinosa não seria uma mera cláusula de prudência[7]? Montesquieu também será acusado por Hume, o qual identificará a fonte dessa concepção em Malebranche ou Clarke, de confundir o ser com o dever-ser. Mas a problemática da definição de lei fica esclarecida quando se recompõe a cartografia das posições para as quais Montesquieu pretende fornecer uma resposta polêmica[8]. Recusa do necessitarismo absoluto (contra Espinosa, o homem é, sim, em certa medida um império dentro de um império, ainda que isso não seja obrigatoriamente motivo de regozijo); recusa do positivismo jurídico (Hobbes se enganou quando negou a existência de relações naturais de equidade anteriores às leis políticas); recusa, não obstante, do universalismo abstrato do direito natural moderno, cujas admiráveis obras são "como um país em que a Razão queria morar sem a Filosofia"[9]: as leis civis que suprem o esquecimento das relações *possíveis* de equidade não devem exprimir princípios universais relativos à natureza humana, elas são relativas a uma pluralidade de fatores físicos e morais – relações que constituem a "natureza das coisas", que podem ser objeto de uma forma de ciência experimental.

1. *EL*, I, 1.
2. *LP*, LXXXIII.
3. *EL*, I, 1.
4. *EL*, I, 3.
5. *EL*, XXVI, 1 e XXVI, passim.
6. *DEL*, pp. 1.122-5.
7. *EL*, I, 1.
8. *MP*, 1266.
9. *MP*, 1868, 1863.

Liberdade

Fr.: *Liberté*

* Confrontado com a polissemia do termo, Montesquieu distingue a liberdade filosófica (opinião que se tem de que se exerce a sua vontade) da liberdade política, entendida como opinião que se tem da sua segurança[1]. A liberdade política não é a independência ou a licença, mas a liberdade sob a lei ou o "direito de fazer tudo o que as leis permitem": ela "só pode consistir em poder fazer o que se deve querer e em não ser forçado a fazer o que não se deve querer"[2].

** A distinção entre liberdade filosófica e liberdade política decerto possibilita que não recaiam sobre a segunda as dificuldades que gravam a primeira. Contra as teorias absolutistas da soberania, das quais encontramos alguns aspectos teóricos na figura repulsiva do despotismo, Montesquieu pretende sobretudo promover uma filosofia política comandada pela preocupação primordial da liberdade do cidadão – "esse bem que faz gozar dos outros bens.[3]" A importância atribuída à segurança marca primeiro a recusa de uma concepção republicana da liberdade política, à qual as *LP* concediam certo crédito[4]. Nisso consiste toda a diferença que separa a crítica rousseauniana de Hobbes no *Contrato social* (I, 4) e a crítica do *EL*, na qual, contudo, a primeira se inspira. Embora Montesquieu já afirmasse que a liberdade "não tem preço para quem a vende", ele não entende essa liberdade como participação na elaboração das leis: os democratas confundem "o poder do povo com a liberdade do povo"[5]. Ao definir a liberdade política como segurança ou opinião que se tem da sua segurança[6], a obra ratifica, antes, a crítica lockiana do hobbismo: a liberdade só pode ser concebida como liberdade sob a lei, à qual os próprios governantes estão submetidos; é concebida como proteção do cidadão contra o arbítrio de que tendem a se tornar culpados os detentores da autoridade, e também como proteção dos cidadãos uns em relação aos outros. É certo que a liberdade política da constituição, obtida graças à distribuição dos poderes, difere da liberdade do cidadão, definida mais pelas leis civis, pelos costumes e pelas maneiras do que pelas leis constitucionais[7]. A legislação penal pode oferecer as condições exigidas para a segurança sem que isso seja verdadeiro no tocante à distribuição constitucional dos poderes: por exemplo, as leis criminais podem decidir por penas adaptadas à natureza particular dos crimes sem que o poder judiciário esteja emancipado do executivo. Reciprocamente, é concebível ser politicamente livre sem o ser civilmente quando a independência do judiciário, que julga segundo leis iníquas punindo com a morte a heresia ou a magia, é conquistada. Existe porém um provável vínculo entre as duas liberdades, ao menos na vertente negativa: se os poderes estão concentrados, "é de se temer que o mesmo monarca ou o mesmo senado faça leis tirânicas para executá-las tiranicamente"[8]. O que importa em ambos os casos é, portanto, que o abuso de poder fica impossibilitado em virtude da disposição das coisas e não em virtude de uma hipotética boa vontade dos governantes.

*** A originalidade essencial de Montesquieu prende-se a sua insistência na percepção subjetiva da liberdade definida como uma *opinião*: de um ponto de vista filosófico, isso significa "falar em todos os sistemas", sem escolher entre deterministas e partidários do livre-arbítrio; e de um ponto de vista político: os homens pegos na rede das leis não devem se *sentir* prisioneiros[9]. Portanto, a definição da liberdade como segurança é, em certo sentido, restritiva demais: os homens devem igualmente poder gozar de uma liberdade concebida como respeito de seus costumes e de suas maneiras, dos costumes aos quais estão tradicionalmente apegados. À tirania da opinião que intervém quando se vai de encontro aos modos de pensar de um povo corresponde uma liberdade de opinião ligada à não coerção do espírito geral[10]. Isso não implica que a liberdade de opinião se oponha à liberdade real (segurança), ou que se deva deplorar "a ilusão" da liberdade[11] como resultado de uma manipulação dos políticos: é bom que os homens não se sintam sujeitados, e nenhum critério objetivo permite distinguir de forma absoluta opinião de realidade.

1. *EL*, XI, 2, XII, 2.
2. *EL*, XI, 3, ver XXVI, 20, *MP*, 884.
3. *MP*, 1574.
4. *LP*, CXXII, CXXXI 3.
5. *EL*, XV, 2, XI, 2.
6. *EL*, XI, 6, XII, 1-2.
7. *EL*, XII, 1.
8. *EL*, XI, 6.
9. *MP*, 597, 828, 843.
10. *EL*, XIX, 5.
11. *EL*, XIII, 8.

Luxo

Fr.: *Luxe*

* "Baseado nas comodidades que nos oferecemos pelo trabalho dos outros", o luxo é o que excede o necessário físico. Sua legitimidade é relativa à forma do governo: pernicioso nas repúblicas em que particulariza os interesses e provoca a corrupção dos costumes, ele é necessário nas monarquias e nos regimes despóticos[1].

** A questão do luxo é a da utilização legítima das paixões assim como a dos fatores de prosperidade e de decadência dos impérios: deve-se aceitar a corrupção da virtude a fim de favorecer o desenvolvimento econômico? Deve-se proibir por leis suntuárias tudo o que não for "necessário" a fim de manter o espírito público e a disciplina marcial? Ao apreendê-lo inicialmente sob forma de lei quantitativa que liga duas variáveis entre si ("o luxo está sempre em proporção com a desigualdade das fortunas"), Montesquieu reduz o luxo à abastança que as riquezas propiciam, sem associá-lo ao vício e à desmedida[2]. Nas *CR*, a posição de Montesquieu era mais ambígua: embora o papel corruptor do luxo seja inegável[3], a perda das virtudes heroicas e das qualidades marciais não é considerada um acidente, e sim uma necessidade da história; o luxo é somente um fator entre outros[4], e a desgraça de um Estado não está em "que nele reine o luxo, mas em que ele reine em condições que, pela natureza das coisas, deveriam ter apenas o necessário físico"[5]. O *EL* insiste na diferença tipológica: a frugalidade só pode ser sustentada num pequeno Estado democrático regido por estritas leis agrárias e estritas leis de sucessão, em que a homogeneidade das posições sociais gere a homogeneidade dos gostos e em que o desejo de se distinguir não tenha outro alimento senão o serviço à pátria; ou ainda, numa república que um território estéril obriga ao comércio de economia, por oposição ao comércio de luxo[6]. No emprego das riquezas, espera-se que a magnificência pública substitua o luxo doméstico que a mediocridade geral das fortunas deve tornar impraticável e que, associado à galantaria e à impureza dos costumes, seria funesto. Os regimes monárquicos e despóticos modernos, contudo, revelam uma lógica totalmente diversa: a bela simplicidade e o espírito sacrificial dos antigos já não lhes compete. Nos primeiros em particular, os vícios privados se tornam virtudes públicas: onde quer que as modas façam prosperar o Estado, seria pernicioso corrigir a frivolidade[7]. De um ponto de vista econômico, a despesa de luxo tem de reproduzir a escala das fortunas, sem o que o dinheiro paralisado ficaria perdido para o crescimento tanto do corpo produtivo como do corpo social[8]. Portanto, os "ricos" têm de gastar, sem o que os pobres "morrerão de fome": enquanto nas repúblicas a frugalidade consentida permite dar, a cada um, um mínimo vital, nas monarquias, em que a disciplina igualitária é desconhecida, o luxo "devolve" aos pobres o necessário físico que lhes foi tirado. A solidariedade involuntária dos interesses induzida entre as profissões é então fonte de desenvolvimento e de crescimento demográfico[9]. Nos Estados despóticos, em que o comércio é extremamente reduzido, são os escravos (mulheres ou eunucos) que são objetos de luxo[10].

*** Entre críticos e apologistas do luxo, Montesquieu adota uma posição sobranceira. Por um lado (ao contrário do que diziam Saint-Évremond, Mandeville ou Melon), os homens da antiguidade, espartana ou romana, não fizeram de necessidade virtude, e a frugalidade deles era tão real quanto necessária para a preservação de seu regime político; a simplicidade dos costumes e das maneiras é exigida nas democracias cujo princípio é a virtude, e a indistinção da classe dirigente, que deve viver como o povo e com ele se parecer, é necessária para a conservação da moderação aristocrática[11]. Mas dizer que a virtude dos antigos não era usurpada nem por isso significa que ela deva ser transformada em modelo: Montesquieu ressalta as condições materiais (vínculo entre frugalidade e igualdade) e jurídicas (leis agrárias, leis suntuárias) que a tornam possível e desejável. A modernidade mercantil e desigual não pode prescindir do luxo. A controvérsia sobre a simplicidade e o refinamento reduz-se por isso mesmo a uma mera questão de adequação tipológica.

1. *EL*, VII, passim.
2. *EL*, VII, 1.
3. *CR*, III.
4. *CR*, XI.
5. *CR*, XVI, p. 160.
6. *EL*, XX, 4.
7. *EL*, XIX, 5-8.
8. *LP*, CVI, CXVII.
9. *LP*, CXXII, *EL*,VII, 4, XXIII, 15.
10. *EL*, VII, 9, XV, 9.
11. *EL*, V, 8.

Maneiras

Fr.: *Manières*

* As maneiras, como os costumes, provêm dos usos estabelecidos, mas "há esta diferença entre os costumes e as maneiras de que os primeiros concernem sobretudo à conduta interior e as outras, à exterior"[1].

** A tripartição introduzida (leis, costumes e maneiras) é original, já que o par clássico concerne às leis e aos costumes. Montesquieu não se limita a considerar dois modos de regulação distintos, segundo o modo de ação das coerções e seu grau de imanência, ou segundo o objeto ao qual se aplicam (o homem ou o cidadão); ele teoriza também a diferença entre o interior e o exterior, que não estava totalmente desenvolvida nas *LP*: "Ocorre com as maneiras e com a forma de viver o mesmo que com as modas; os franceses mudam de costumes conforme a idade de seu rei."[2] No *EL*, a regulação pelas maneiras é uma regulação branda, cujo agente não é o Estado, e que ele tem de respeitar[3]. Supõe-se que sua eficácia seja relativamente autônoma: embora a diferenciação das leis, dos costumes e das maneiras não implique nenhuma relação entre essas instâncias, já que Montesquieu evoca a esse respeito uma relação de "representação"[4], não se deve certamente entender por isso que umas substituam universalmente as outras, pois o objeto da análise é precisamente a relação entre elas, seja esta de compensação, de concorrência ou de sobreposição. Ao manter certa *contingência* da relação entre o dentro e o fora, entre os costumes e as maneiras, Montesquieu torna tangível a recusa da *confusão* deles, qualificada de tirânica. Somente instituições ruins confundem coisas que, embora mantenham entre si "grandes relações", não são menos "naturalmente separadas"[5]. Ora, onde o despotismo vê as paixões brutas e brutais levadas a sua incandescência, e só sobrevive pela constância e rigidez dos costumes e das maneiras que têm função de leis, onde as repúblicas podem se prevalecer da transparência dos costumes puros, somente as monarquias, de que a França é para Montesquieu o exemplo privilegiado, podem de fato se beneficiar dessa regulação livre pelas maneiras, cuja contínua mudança prende-se à vontade de agradar suscitada pelas mulheres[6].

*** O deslocamento teórico operado por Montesquieu é de grande envergadura: o *EL* cria uma verdadeira conceituação das maneiras. O objeto tradicional dos moralistas e dos tratados de civilidade, ao qual o *Ensaio sobre o gosto* ainda faz alusão para louvar a graça das maneiras que dissimulam qualquer esforço por trás da aparência natural[7], atinge a dignidade de categoria política plena: a exterioridade das relações interindividuais sai do quadro dos tradicionais preceitos de *savoir-vivre* dispensados ao modo de uma civilidade pueril ou, mais amplamente, dos conselhos de educação – formar as "boas maneiras". Essas regras infralegislativas internalizadas sob a forma de usos e desvinculadas de qualquer relação com a virtude são agora apreendidas não para prescrever seu conteúdo (o que convém seguir ou evitar), mas para explicá-las dentro de um sistema de leis e de costumes singulares. Por isso a civilidade chinesa, devida à vontade de um legislador déspota, difere sob todos os aspectos da civilidade monárquica, resultante da educação mundana, em que sempre se ouve dizer que "é preciso pôr nas maneiras uma certa polidez": nesse caso, longe de ser imposta de cima, a arte de agradar resulta do desejo de se distinguir[8].

1. *EL*, XIX, 16.
2. *LP*, XCIX.
3. *EL*, XIX, 5.
4. *EL*, XIX, 16.
5. *EL*, XIX, 21.
6. *EL*, XIX, 12, VII, 8-13.
7. *Goût*, pp. 1.254-5.
8. *EL*, IV, 2.

Moderação

Fr.: *Modération*

* A moderação designa ao mesmo tempo a virtude do legislador ("afirmo-o e parece-me que fiz esta obra apenas para prová-lo: o espírito de moderação deve ser o do legislador"[1]) e o caráter distintivo dos "governos moderados", ou seja, não despóticos. Esses regimes (republicanos ou monárquicos) são complexos, por oposição à uniformidade ou simplicidade despótica: "Para formar um governo moderado, é preciso combinar os poderes, regulá-los, temperá-los, fazê-los agir; dar, por assim dizer, lastro a um, para lhe dar condições de resistir ao outro: é uma obra-prima de legislação, que o acaso raramente realiza e que raramente se confia à prudência."[2]

** A categoria "governos moderados" aparece desde as *CR* na sua oposição diferencial com os governos despóticos como operador do agenciamento complexo de uma multiplicidade heterogênea[3]. Mas o vínculo entre a virtude do legislador e a do regime só aparece de fato no *EL*. A moderação, então, não é identificada com uma justa medida determinada como um ponto único entre dois extremos: os limites dentro dos quais o bem político pode se revestir de diferentes formas nada mais são que limiares cercando um espaço de manobra dentro do qual pode se inscrever a ação circunstanciada do legislador. A teoria da moderação é uma teoria da medida: Montesquieu se limita a indicar as soluções extremas que, em razão das consequências qualitativas do crescimento quantitativo, devem ser recusadas em nome da liberdade (a respeito das formalidades de justiça, dos poderes intermediários...). Entre esses dois imperativos negativos opostos, vários "bens" políticos são teoricamente admissíveis: caberá ao legislador ajustar as instituições que ele promove à particularidade dos costumes do povo sobre o qual estatui, a fim de dar provas de moderação. Ora, por ter legislado seguindo o espírito da nação ou seu "gênio natural"[4], o legislador não terá necessidade de recorrer incessantemente à coerção e ao rigor das penas, o que constitui um elemento decisivo da moderação do governo. Os regimes moderados são, portanto, aqueles em que os indivíduos estão ao abrigo de uma inútil crueldade: "a brandura reina nos governos moderados"[5]. Resta ainda que a moderação não é idêntica à liberdade, só fornece sua possibilidade: nem todos os Estados moderados são livres por natureza; é preciso, ademais, que neles reine uma forma de distribuição dos poderes que previna os abusos[6].

*** A oposição entre governos moderados e governos despóticos devida ao reagrupamento operado entre repúblicas e monarquias não introduz uma segunda tipologia de governos: lança, de certo modo, uma nova luz sobre a primeira, porque, ante o regime despótico que constitui a figura do "mal" político, não existe bem determinado de maneira unívoca e, portanto, não existe "melhor regime" em si.

1. *EL*, XXIX, 1.
2. *EL*, V, 14, *MP*, 831, 892, 918.
3. *CR*, IX, p. 119.
4. *EL*, XIX, 5.
5. *EL*, VI, 9.
6. *EL*, XI, 4.

Monarquia

Fr.: *Monarchie*

* A monarquia é o regime "em que um só governa, mas o faz por meio de leis fixas e estabelecidas"[1].

** Nas *LP*, Montesquieu duvidava da existência desse regime em estado puro: "é um estado violento, que sempre degenera em despotismo ou em república: o poder nunca pode ser igualmente dividido entre o Povo e o Príncipe; é difícil demais manter o equilíbrio"[2]. No *EL*, em compensação, a questão do equilíbrio parece resolvida graças à introdução de um "vínculo" entre o príncipe e o povo. A natureza do governo monárquico consiste em seus "poderes intermediários, subordinados e dependentes", que constituem as defesas contra o arbítrio real: ordens sociais (o clero e sobretudo a nobreza, poder intermediário tido como o mais "natural") ou corpos políticos (Parlamentos que desempenham função de "depósitos das leis", poderes provinciais e municipais etc.) permitem canalizar o poder real forçando-o a se conformar a "leis fundamentais"³. Os privilégios e as jurisdições locais geram uma forma de distribuição dos poderes (cuja fonte é sempre o príncipe) que evita que a monarquia degenere em despotismo, no momento em que a honra, princípio dessas monarquias, tende a preservar a liberdade opondo-se às ordens infamantes: por isso é que as leis devem tender a favorecê-los⁴. A racionalidade da decisão nesse Estado não provém da sabedoria ou da virtude do príncipe: constitui o efeito involuntário das formalidades parlamentares e dos "temperamentos" administrados pelos poderes intermediários entre o rei e o povo⁵.

*** A principal preocupação de Montesquieu é fazer frente à tendência despótica inerente à monarquia, e em particular à monarquia francesa, o que o incita a justificar a sociedade de ordens e suas instituições desiguais, já que a república é considerada inacessível aos modernos (reciprocamente, "os antigos não tinham uma ideia bem clara da monarquia"⁶). A máxima fundamental da monarquia é: "*sem monarca não há nobreza; sem nobreza, não há monarca. Mas tem-se um déspota*"⁷. A razão disso é histórica: a aristocracia precede na França a realeza e a história dos poderes intermediários permite justificar a existência originária dos privilégios e das limitações seculares à autoridade do príncipe⁸.

1. *EL*, II, 1.
2. *LP*, CII.
3. *EL*, II, 4.
4. *EL*, V, 9, VI, 1.
5. *EL*, V, 10-11.
6. *EL*, XI, 8.
7. *EL*, II, 4.
8. *LP*, CXXXI, *EL*, livros XXX, XXXI.

Penas

Fr.: *Peines*

* As penas são as punições dos delitos e dos crimes; o objetivo delas não é vingar o Estado ou obter a redenção de um pecado, é suscitar, pelo temor da sanção, a obediência às leis. Para serem justos e responder a seu objetivo, os castigos têm de ser homogêneos aos crimes, proporcionais a sua gravidade, graduais e moderados: "se, num governo brando, o povo é tão submetido quanto num governo severo, o primeiro é preferível, porque é mais conforme à razão e porque a severidade é um motivo estrangeiro"[1].

** A instalação de uma economia racional do poder de punir, que respeita o princípio de gradualidade das sanções e evita o brilho dos suplícios, é consubstancial à moderação do governo. Da bondade do direito penal é que depende principalmente a liberdade do cidadão: "É o triunfo da liberdade quando as leis criminais tiram cada pena da natureza particular do crime. Toda a arbitrariedade acaba; a pena já não vem do capricho do legislador, mas da natureza da coisa; e não é o homem que faz violência ao homem."[2] Enquanto a severidade das penas "convém melhor" ao governo despótico cujo princípio é o temor, a brandura delas caracteriza os Estados moderados em que a prevenção deve prevalecer sobre a repressão[3]. A otimização da tecnologia política se obtém graças à utilização das representações que presidem às deliberações individuais: o cálculo dos indivíduos integra a perda de componentes simbólicos da identidade pessoal, que ajudam a minimizar a mutilação dos corpos e reduzir a ostentação suntuária dos castigos[4]. Por isso é necessário utilizar o temor da vergonha que, amiúde bem mais eficaz que a anatomia ritual dos suplícios (o hábito da severidade embota a sensibilidade assim como a ausência de gradualidade das penas incita a cometer os atos mais violentos), torna possível a *brandura* da justiça cujo princípio (a proporção entre crimes e penas) é como "a alma dos Estados e a harmonia dos impérios"[5]. Na ótica da dissuasão e do estrito ponto de vista de uma lógica dos efeitos, em que o rigor importa menos que a certeza de escapar da impunidade, qualquer castigo é iníquo se não é necessário. Não só as classes de crimes devem ser distinguidas para que se aplique o princípio de homogeneidade das classes de penas e das classes de crimes e para que se adaptem as sanções (que, na verdade, são privações de vantagens ligadas aos diferentes bens da sociedade)[6], mas o domínio sobre o qual a força da lei recai deve ser limitado: "as leis só se encarregam de punir as ações exteriores", preservando a liberdade de pensar e a liberdade de expressão[7]. Ao destacar a separação entre monarquias e repúblicas, o *EL* irá afirmar ademais que não cabe punir, nas primeiras, as violações dos costumes: regido pela honra e não pela virtude, o regime monárquico dissocia crime privado de crime público, organizando o espaço da liberdade dos costumes, que não precisam ser puros[8].

*** A problemática de Montesquieu não é tanto a da legitimidade do poder de punir quanto a das regras que devem reger a distribuição das sanções nos diversos regimes para que seja preservada a liberdade do cidadão, que é opinião de sua segurança. Se alguma justificação há (inclusive da pena capital), é que, embora o crime tenha por efeito excluir seu autor da sociedade, a lei que o pune foi feita a princípio em seu favor e o protegeu até então[9]. Quando a arbitrariedade do legislador substitui a arbitrariedade do juiz, é indispensável fazer bom uso do nominalismo jurídico, tanto na definição dos crimes como na das penas. Ao risco de ver a lei criar infrações imaginárias ou fazer uso de termos sem objeto ou obscuros (magia, heresia, crime contranatural e, sobretudo, crime de lesa-majestade)[10] corresponde a possibilidade de decidir sobre tudo o que pode servir para formar penas, penas que devem se articular aos códigos religiosos, morais e sociais existentes[11].

1. *LP*, LXXX.
2. *EL*, XII, 4, 2.
3. *EL*, VI, 9.
4. *LP*, LXXX.
5. *LP*, CII, *EL*, VI, 12.
6. *EL*, XII, 4, XXVI, 24.
7. *EL*, XII, 11-13.
8. *EL*, III, 5, VII, 13.
9. *EL*, XXVI, 24, XV, 2.
10. *EL*, VI, 15; XII, 5-18; *CR*, XIV.
11. *EL*, VI, 9, XXIV, 14.

Polidez, Civilidade

Fr.: *Politesse, Civilité*

* "Tênue homenagem que o vício rende à virtude", a polidez ajuda a tolher ou dissimular os vícios sem realmente enganar[1].

Revela-se assim uma justiça derivada das considerações mútuas, destinada à recreação da vida social; a complacência ajuda a contribuir para a brandura da sociedade fazendo que todos vivam contentes consigo mesmos e com os outros[2]. A civilidade vale, contudo, mais que a polidez: "a polidez favorece os vícios dos outros, e a civilidade impede-nos de exibir os nossos: é uma barreira que os homens põem entre si para se impedirem de se corromper"[3].

** Ao afirmar o primado da civilidade sobre a polidez, Montesquieu rompe com a superioridade comumente aceita da segunda. Essa distinção não tinha sido feita durante a redação do tratado dos *Deveres*, que mencionava a respeito do cerimonial exterior uma espécie de código de leis não escritas que os homens prometeram observar entre si[4]. Enquanto uma crítica acadêmica de um mundo regido pelo parecer, pela mentira e pelo artifício caracterizava o *ES*, que deplorava que "a verdade permanece enterrada sob as máximas de uma polidez falsa" e que "a cerimônia, que deveria ficar inteiramente restrita ao exterior, insinua-se até nos costumes"[5], e, em certa medida, as *LP*[6], essa ótica fica caduca com a tipologia dos governos no *EL*, onde a polidez das maneiras é própria da monarquia e de sua educação mundana: naturalizada na corte, a arte de agradar não procede de intenções morais, mas do desejo de se distinguir constitutivo da honra[7].

*** A posição de Montesquieu certamente não é redutível à apologia do refinamento. É certo que, contra a crítica convencional da hipocrisia que Montesquieu rapidamente abandonará, a polidez não deve ser deplorada como máscara do parecer que dissimula o ser vicioso: a arte de agradar, longe de aboli-lo, é, ao contrário, constitutiva do laço social[8]. Mas Montesquieu não nega a distância que separa decoro e virtude: a polidez pode ser associada à crueldade moral[9]. Portanto, a ausência de refinamento de certas repúblicas antigas ou a da Inglaterra não deve necessariamente ser deplorada: "Quanto mais pessoas houver numa nação que tenham necessidade de se relacionar e de não se desagradar, maior será a polidez. Mas deve nos distinguir dos povos bárbaros mais a polidez dos costumes do que a das maneiras."[10]

1. *MP*, 1904.
2. *MP*, 1270-1271.
3. *EL*, XIX, 16.
4. *MP*, 1271.
5. *ES*, p. 101.
6. *LP*, XLVIII, LXXIV, LXXXVII.
7. *EL*, IV, 2.
8. *MP*, 464.
9. *LP*, XLVIII, LXXVIII.
10. *EL*, XIX, 27.

Poligamia

Fr.: *Polygamie*

* A poligamia, que legalmente permite que um homem se case com várias mulheres, é considerada por Montesquieu uma das formas possíveis de escravidão: a servidão doméstica reina nos haréns orientais onde as mulheres, trancadas, são reduzidas à condição de objetos de prazer, submetidas aos caprichos do amo[1]. Caso seja possível distinguir teoricamente a poligamia das nações selvagens, ligada a seu modo de subsistência nômade, que se inscreve no quadro de uma sexualidade quase animal[2], daquela praticada pelos despotismos orientais, é sobretudo a segunda que concentra o interesse de Montesquieu: o abuso de poder político estende-se ao poder doméstico, com as mulheres se tornando pura e simplesmente objetos de luxo.

** A poligamia é condenada inicialmente, assim como qualquer outra forma de escravidão, em nome da própria utilidade: "ela não é útil para o gênero humano, nem para nenhum dos dois sexos, seja para aquele que abusa, seja para aquele que é abusado. Tampouco é útil para as crianças"[3]. Se a condenação da escravidão civil fazia intervir, contra as justificações dos jurisconsultos, a lei de defesa natural[4], a da escravidão doméstica faz intervir a lei de pudor natural, que tampouco deve ser infringida[5]. O abuso de poder político, que se prolonga nos Estados despóticos em abuso de poder doméstico (abuso sexual dos escravos), fica assim estigmatizado graças ao recurso a este preceito universal: "As leis da pudicícia pertencem ao direito natural e devem ser sentidas por todas as nações do mundo."[6] Mas, assim como a escravidão política e civil, a escravidão doméstica, condenada em si pelo direito natural, é correlativamente justificada pela natureza local das coisas e, em particular, pelo clima quente, que estimula o amor, ou pela *sex ratio**, que reduz a poligamia a um "assunto de cálculo"[7]. Ainda que Montesquieu atenue essa expressão diante das acusações feitas pela censura, a poligamia é portanto julgada "conforme à natureza" em certas circunstâncias.

*** A poligamia fornece um bom exemplo da interdependência das causas físicas e morais no pensamento de Montesquieu. Com efeito, a instituição vê-se triplamente justificada nos climas quentes: *primo*, pela nubilidade precoce das mulheres; *secundo*, pelo custo mais baixo do sustento delas; *tertio*, pelo excesso numérico do sexo frágil em comparação com o sexo forte. Mas a servidão doméstica é também justificada pelo Islã e pela servidão política, eles mesmos em relação de conformidade recíproca e vinculados aos climas quentes. A poliandria (uma mulher com vários maridos) também é evocada entre os costumes que o clima pode explicar[8].

1. *LP*, passim.
2. *EL*, XVIII, 13.
3. *EL*, XVI, 6, ver *MP*, 1118, *LP*, CXIV.
4. *EL*, X, 3, XV, 2.
5. *EL*, XVI, 12.
6. *EL*, XV, 12.

* Expressão comumente traduzida por *razão de sexo* ou *proporção sexual*; refere-se ao número de homens em relação ao número de mulheres numa dada população. Assim, se num determinado grupo social o número de homens é muito menor do que o de mulheres (digamos de 3 para 10), isso pode ser uma justificativa "natural" para que cada homem tenha mais de uma mulher. É nesse sentido que Montesquieu afirma que a *sex ratio* "reduz a poligamia a um 'assunto de cálculo'". [N. do R. T.]

7. *EL*, XVI, 4; *DEL*, pp. 1.141-4, 1.175-6.
8. *MP*, 503, *EL*, XVI, 9, XXIV, 3, XVI, 5.

Princípio

Fr.: *Principe*

* Se a natureza de um governo corresponde a sua estrutura institucional ("o que o faz ser"), seu princípio reside nas paixões humanas que o fazem mover-se ("o que o faz agir"[1]). Os princípios "derivam naturalmente" da natureza dos governos: virtude nas democracias, moderação nas aristocracias, honra nas monarquias, temor nos Estados despóticos.

** A noção de "princípio" constitui uma inovação importante nas tipologias dos governos. Permite ultrapassar o formalismo institucional para se indagar sobre as molas concretas da dominação e da obediência. Paixão dominante comum aos governantes e aos governados, o princípio constitui a condição de existência dos regimes políticos, na medida em que sua natureza supõe uma disposição subjetiva particular a fim de se manter de forma duradoura: ele não é necessariamente compartilhado por todos os homens de um Estado particular, mas deve sê-lo, "sem o que o governo será imperfeito"[2]. O princípio tem sobre as leis uma "suprema influência"[3], e estas devem se empenhar prioritariamente em mantê-lo e evitar sua corrupção. Portanto, a derivação do princípio a partir da natureza só existe na ordem de exposição e não na ordem das coisas, porque, num regime dado, somente a difusão dos costumes adequados poderá tornar efetiva a obediência às leis. Existe, nesse sentido, uma espécie de dialética entre natureza e princípio, este último sendo ao mesmo tempo causa e efeito das leis: o direito, sob todas as suas formas, deve favorecer o princípio que por sua vez favorecerá sua aplicação[4].

*** A ideia segundo a qual os regimes funcionam graças a motivos passionais e não racionais (a razão, diz Montesquieu, "nunca produz grandes efeitos sobre o espírito dos homens"[5]) inscreve-se na esteira de Maquiavel: a própria virtude política é uma paixão, que deverá ser moderada para preservar a liberdade política (XI, 4). Fazer do princípio a pedra angular do edifício político significa privilegiar o sentido que os homens atribuem às instituições, e não a análise formal da soberania; distinguir esses diferentes "motores" segundo as formas de governo permite ultrapassar o universalismo abstrato de Hobbes e do direito natural moderno. As questões fundamentais a que os princípios respondem podem ser resumidas assim: que caracteres passionais devem possuir os indivíduos a fim de que seja induzido um certo tipo de obediência aos comandos e às normas prescritas? Que propriedades devem possuir as regras imanentes, extrajurídicas, seguidas pelos indivíduos para que suas ações produzam a ordem de conjunto buscada? Qual deve ser a natureza das *representações* dos agentes a fim de perenizar um tipo particular de organização política?

1. *EL*, III, 1.
2. *EL*, III, 9.
3. *EL*, I, 3.
4. *EL*, V, 1.
5. *EL*, XIX, 27.

Religião natural, religião civil
Fr.: *Religion naturelle, religion civile*

* A religião é natural por sua origem: dogmas e cultos provêm de uma projeção humana variável conforme o natural dos povos – os motivos de "apego" dos homens à religião (espiritualidade de Deus, liturgia, templos e oficiantes, princípio de eleição, local de punição e de recompensas, pureza moral e magnificência do culto) prendem-se às propriedades da sensibilidade e do espírito humano[1]. Ela é igualmente natural por oposição à Revelação: como seu núcleo é moral – a religião, "mesmo falsa, é a melhor garantia que os homens podem ter da probidade dos homens"[2] –, moral que os pagãos também praticaram, não necessita de *credo* nem de mistérios. Enfim, a religião deve ser civil no seu objetivo: como a destinação dos homens não é servir a Deus, mas à vida em sociedade, é necessário que os artigos de fé bem como as regras de vida, apreciadas exclusivamente em função de seus efeitos, concordem com os princípios políticos[3], com os objetivos econômicos e com o desenvolvimento demográfico[4]. A utilidade da religião está sobretudo no abrandamento dos costumes e na moderação do poder que ela promove nos Estados despóticos, em que a religião é o único freio para as paixões desenfreadas dos príncipes[5]. A religião é, portanto, indissociavelmente natural e civil: se existe um núcleo comum de crenças ("em qualquer religião que se viva, a observação das leis, o amor pelos homens, a piedade pelos pais são sempre os primeiros

atos de religião"), é porque o melhor meio de agradar a divindade não é respeitar esta ou aquela cerimônia, mas "observar as regras da sociedade e os deveres da humanidade"[6].

** A religião é apenas uma instituição ou uma produção cultural variável como qualquer outra, submetida aos diferentes determinantes do espírito geral, dos quais os mais importantes são, no caso, o clima, que designa os limites geográficos para cada confissão, impede a extensão universal de um culto e fornece o próprio conteúdo das doutrinas[7], e a natureza do regime político já em relação de conformidade com o clima – a religião católica sendo mais conforme com as monarquias, a religião protestante com as repúblicas e o Islã com os Estados despóticos[8]. A objeção libertina que critica a existência de um consentimento universal não é válida: se os selvagens não têm uma ideia de Deus é devido à evolução interna da faculdade de conhecer; na ausência de ideias especulativas, eles só pensam na sua conservação[9]. Até os antigos traziam em germe o monoteísmo[10], e é certo que de início existe uma filiação entre as diferentes religiões monoteístas: a religião judaica é o tronco comum do cristianismo e do Islã, no cristianismo encontra-se como que uma "semente" dos dogmas muçulmanos e é possível estabelecer equivalências entre os artigos de fé[11]. Enfim, como Montesquieu não escrevia como teólogo mas como "escritor político", ele se interessa em primeiro lugar pela utilização que possa ser feita das leis e dos costumes ligados à religião: pouco importa a verdade dos dogmas, o que conta é o uso ou o abuso que deles se faz. Consequentemente, o direito canônico e as leis da religião devem se ajustar às leis civis, completar e até suplementar estas leis, que podem, em troca, corrigi-los quando suas consequências forem socialmente nocivas[12]. É imperativo, a fim de evitar o horror da Inquisição, não confundir conselhos de perfeição visando o melhor e leis políticas visando o bem, assim como não regular pelos princípios do direito canônico o que deve ser regulado pelos princípios do direito civil, e vice-versa[13].

*** Acusado de ser um "sectário da religião natural", Montesquieu se defende sem argumentos convincentes[14]. Para ele, "o fundamento da religião é que amamos a Deus e que o adoramos, e as cerimônias são feitas apenas para exprimir esse sentimento"¹⁵. Portanto, é certo que não se deve dar muito crédito à diferença por vezes invocada entre "verdadeira" e "falsa" religião, manifestamente devida à prudência.

1. *LP*, XVII, LIX, *EL*, XXV, 2-4.
2. *EL*, XXIV, 8; *CR*, X, p. 121.
3. *DPR*.
4. *LP*, CXVII, CXIX, *EL*, XXIII, 21, XXIV, 11-12.
5. *EL*, V, 14, XII, 29, XXIV, 3-4.
6. *LP*, XLVI.
7. *EL*, XXIV, 24-26.
8. *EL*, XXIV, 3-5.
9. *EL*, I, 2; *DEL*, p. 1131.
10. *DPR*.
11. *LP*, LX, XXXV.
12. *EL*, XXIV, 15-19.
13. *EL*, XXIV, 7, XXVI, 2, 8-13.
14. *DEL*, pp. 1.128-36.
15. *MP*, 205.

República

Fr.: *République*

* O governo republicano é aquele "em que o povo em seu conjunto, ou somente uma parte do povo, detém o soberano poder"¹.

** No *EL*, a distinção, no governo republicano, entre a democracia e a aristocracia, revela a passagem para segundo plano da questão da quantidade de detentores do poder (todos ou vários) em prol da atenção voltada para seu modo de exercício. A "natureza" da república ou sua "lei fundamental" reside na aplicação do direito de voto, mediante o qual o povo manifesta sua autoridade soberana: ela determina o grupo de cidadãos e delimita sua competência (a instituição dos magistrados pelas leis de sufrágio) na medida em que o povo não pode governar diretamente por conta própria: "é preciso que a arraia-miúda seja esclarecida pelos principais e contida pela gravidade de certas personalidades"². Porque o povo está submetido às leis que ele mesmo se deu e carrega todo o seu peso, esse governo exige como princípio a virtude (nas democracias), ou a moderação (na aristocracia). Enfim, em razão dos riscos de corrupção do princípio, esse tipo de regime confina-se a pequenos Estados, em que a igualdade e a frugalidade são mantidas por leis agrárias e suntuárias, em que a pureza dos costumes e a disciplina podem ser mantidas pela subordinação extrema e pela censura, em que o bem comum se faz sentir de maneira homogênea para o conjunto da população[3]. Por esse motivo, ele fica restrito à Antiguidade greco-romana, que ignorava os efeitos corruptores do comércio: "Os políticos gregos, que viviam no governo popular, não reconheciam outra força além da virtude para sustentá-los. Os políticos de hoje só nos falam de manufaturas, de comércio, de finanças, de riquezas e até de luxo."[4]

*** A questão da possível existência de repúblicas modernas é, por isso, delicada. Por falta de virtude, a Inglaterra fracassou na tentativa de retorno ao regime republicano, o que demonstra a dificuldade que os modernos têm de exibir as qualidades cívicas necessárias para essa forma de governo[5]. Mas, embora Montesquieu pareça deplorar a decadência das repúblicas italianas, que "são apenas miseráveis aristocracias" e às vezes confinam com o despotismo[6], a existência no *EL* de repúblicas mercantis, distintas das repúblicas militares e dotadas de um "espírito de comércio", que acarreta frugalidade, economia, moderação, trabalho, sabedoria, tranquilidade, ordem e regra, permite conceber uma conciliação possível entre virtude e comércio e, portanto, a existência de repúblicas mercantis distintas por natureza das repúblicas militares[7]. A constituição federativa deveria possibilitar, nesse caso, a garantia de sua defesa[8].

1. *EL*, II, 1.
2. *EL*, II, 2.
3. *EL*, V, 3-8, VIII, 16.
4. *EL*, III, 3.
5. *EL*, III, 3.
6. *NV*; *EL*, XI, 6.
7. *EL*, IV, 6, V, 6, XX, 4.
8. *EL*, IX, 1-2.

Selvagens, Bárbaros

Fr.: *Sauvages, Barbares*

* Os povos selvagens e bárbaros são definidos por seu modo de subsistência: os primeiros são caçadores e pescadores, os segundos, pastores[1].

** Embora convenha distinguir tipologicamente povos caçadores de povos pastores quanto ao estatuto da propriedade – os segundos, que a conhecem sob uma forma embrionária, têm de editar certas leis para regular a proteção dos bens e a divisão dos butins –, uma forma de unidade os caracteriza por diferenciação: são os "povos que não cultivam as terras" ou os "povos que não conhecem o uso do dinheiro". Ora, por lhes permitir escapar da arbitrariedade de um "chefe", o nomadismo deles é garantia de sua liberdade, mais natural que política: antes da sedentarização, os povos errantes ou dispersos não têm direito ou sistema regrado de governo propriamente ditos; os costumes suprem as leis, e a autoridade dos anciãos a dos chefes políticos. Segundo Montesquieu, a emergência da civilização se traduz pelo aperfeiçoamento do direito, cuja importância está intrinsecamente ligada ao modo de vida dos homens[2]. Aumentando em proporção aos possíveis modos de ser lesado em sua propriedade, as disposições legislativas devem ser mais numerosas nos povos agricultores do que nos povos selvagens ou bárbaros, naturalmente nômades: "é principalmente a divisão das terras que engorda o código civil"; a invenção do dinheiro, ao multiplicar as infrações, obra no mesmo sentido[3]. De um ponto de vista econômico, as populações regidas pela liberdade natural podem paradoxalmente dar a "ideia" do despotismo[4]. As *LP* já tinham deplorado o sistema de subsistência rudimentar em virtude do qual, à mercê da aleatoriedade climática, os povos selvagens se mostram incapazes de instaurar uma verdadeira solidariedade de interesses: a aversão ao trabalho é responsável pelo fraco desenvolvimento e pelas frequentes fomes[5]. Também no *EL*, os povos da América, que vivem da caça e da colheita, apenas exploram a fecundidade natural da terra sem prover à sua renovação[6].

*** A ideia de uma superioridade dos povos civilizados sobre os povos bárbaros (então considerados "primitivos") parecia amplamente subentendida no *EC*, em que os segundos eram apresentados como "indisciplinados, incorrigíveis, incapazes de qualquer luz e de qualquer instrução", inaptos para acrescentar ideias novas às "poucas que têm". A teoria da educação como aporte de ideias e aprendizagem de sua comparação tornava então inteligível a distinção operada entre um espírito grosseiro, que torna os homens "pouco diferentes dos animais", letárgicos e inaptos para desfrutar de suas funções naturais, e um espírito civilizado, em plena posse de sua alma e de sua união com o corpo: "é a educação que torna essa união perfeita; ela é encontrada nas nações civilizadas"[7]. Mas a questão da existência de um processo natural de civilização só é realmente formulada pela leitura do livro XVIII do *EL*, que parece evocar uma escansão da história da humanidade em três ou quatro estágios de desenvolvimento, que correspondem a três ou quatro modos de subsistência distintos (povos caçadores, pastores, agricultores e eventualmente comerciantes). Turgot, e depois os sucessores escoceses de Montesquieu (Ferguson, Robertson, Kames, Millar, Smith), evocarão claramente a ideia de uma evolução gradual da humanidade, progredindo da barbárie das origens para o refinamento dos costumes graças às mutações da propriedade – a mudança na distribuição das terras dando lugar ao progresso das artes e das manufaturas e, daí, à expansão do comércio e da polidez bem como ao aperfeiçoamento dos governos no sentido de uma maior liberdade. Contudo, a leitura que absorve a multiplicidade das determinações discretas distinguidas pelo *EL* num processo homogêneo e orientado ultrapassa manifestamente as indicações da obra: sem ter em vista a sucessão dos acontecimentos como uma história típica em que o desarraigamento com relação à natureza seria imposto por um itinerário previsível *a priori*, o autor apenas põe em operação uma série de correlações sucessivas, entre natureza do solo e variações políticas por um lado, modo de subsistência e variações políticas por outro[8].

1. *EL*, XVIII, 9-11.

2. *EL*, XVIII, 8.
3. *EL*, XVIII, 13, 16-17.
4. *EL*, V, 13.
5. *LP*, CXX; *MP*, 1146.
6. *EL*, XVIII, 9.
7. *EC*, pp. 53-4.
8. *EL*, XVIII, I-7; 8-18.

Temor

Fr.: *Crainte*

* O temor da sanção é o princípio do despotismo, em que a obediência às ordens não se posterga nem se discute[1].

** Embora a noção de princípio não apareça nas *LP*, a ideia de um governo doméstico e político dominado pelo temor está onipresente: "Nessa servidão do coração e do espírito, só se escuta a voz do temor, que tem uma única língua, e não a natureza, que se exprime tão diversamente e que aparece sob tantas formas."[2] Enquanto a virtude ou a honra são paixões elaboradas e incitativas, resultantes de uma interiorização das normas, o temor é uma paixão rudimentar que uniformiza as condutas oprimindo as inclinações. Esse princípio concerne em primeiro lugar àqueles que o favor distinguiu: "quando, no governo despótico, o príncipe cessa por um momento de erguer o braço; quando não pode aniquilar imediatamente aqueles que ocupam os primeiros lugares, tudo está perdido"[3]. Mas o povo não está isento: estão naturalmente submetidos a ele todos os homens que vivem na incerteza e na precariedade de um regime que funciona pelo rigor dos suplícios e que pratica uma justiça muito expedita, pois nela os mesmos homens são legisladores e juízes[4]. Nesses Estados, a submissão só é obtida porque a menor recusa de obedecer é punida "sem misericórdia": somente uma disciplina férrea pode manter a ordem, que não é uma verdadeira paz, e sim o "silêncio" das divisões sufocadas e dos espíritos cativos[5]. A arte de governar fracassa tanto em erradicar definitivamente a desordem quanto em suscitar uma ordem dinâmica: a apreensão iminente diante do castigo pode tão somente inibir qualquer atividade espontânea, e a obediência cega é necessariamente passiva; a coerção é incapaz por si só de suscitar as iniciativas individuais benéficas ao Estado. Por fim, o próprio déspota não escapa ao temor, uma vez que as revoluções violentas são a única solução possível para impulsionar uma mudança nesses Estados[6].

*** Atribuir o recurso ao temor apenas ao despotismo pode parecer uma crítica indireta a Hobbes ou a Bossuet: contra o primeiro, o Estado que concentra os poderes e funciona pelo temor da sanção e em que a lei não é mais que um comando baseado na força pública não é um Estado onipotente, mas, sob todos os aspectos, miserável; ao que se deve agregar, contra o segundo, que o Estado em que o descanso público exige manter distância dos grandes e em que somente a religião, temor agregado ao temor, pode ocupar função de moderador, nada tem de governo mais conforme à natureza.

1. *LP*, passim, *EL*, III, 9
2. *LP*, LXIII, LXXXIX, CXLVIII.
3. *EL*, III, 9.
4. *EL*, VI, 5, 9.
5. *LP*, LXIV.
6. *LP*, CII-CIII, et passim; *EL*, V, 11, 14.

Virtude política

Fr.: Vertue politique

* A virtude política é o princípio das democracias. Distinta da virtude moral e da virtude cristã, identifica-se com o amor à república: "pode-se definir essa virtude, o amor às leis e à pátria. Esse amor, que exige preferir continuamente o interesse público ao seu próprio, dá origem a todas as virtudes particulares; elas nada mais são que essa preferência"[1]. Acessível a todos, ela consiste mais num sentimento que numa "sequência de conhecimentos", e se especifica imediatamente em amor à igualdade e à frugalidade, que são as condições de sua preservação[2].

** A virtude, aqui, não é uma qualidade de caráter que possibilita aos cidadãos deliberarem racionalmente sobre os assuntos comuns; trata-se de uma paixão que resulta de um mecanismo de transferência que leva a energia das inclinações ordinárias para o amor à "regra que os aflige". A comparação entre república e monastério permite estabelecer uma verdadeira dialética entre amor às leis e bondade dos costumes: "O amor à pátria leva à bondade dos costumes, e a bondade dos costumes leva ao amor à pátria."[3] A homogeneidade das aspirações dos cidadãos é mantida ao longo de toda a vida pela educação pública e pela censura dos costumes, encerradas numa rede cerrada de subordinações (do povo a seus magistrados, dos jovens aos mais velhos, das mulheres a seus maridos, dos filhos a seu pai) e postas sob o controle permanente de um tribunal doméstico[4]. O menor relaxamento é uma falta que deve encontrar sua sanção num julgamento sobre os costumes, sem o que a corrupção se instala[5]. É nítida a evolução a esse respeito entre as *CR*, em que a virtude heroica dos romanos se inscrevia no prolongamento do amor a si, e o *EL*: para se manter, a virtude agora exige "instituições singulares", incompatíveis com os extensos assuntos de um grande Estado e que só encontram lugar em pequenos Estados, nos quais a educação do povo pode se assemelhar à da família[6].

*** Sem ser preciso resolver o debate sobre a questão da relação entre virtude política, virtude moral e virtude cristã, fica claro que Montesquieu parece ratificar a cristianização da virtude, entendida como renúncia própria dos indivíduos capazes de subordinar seus próprios interesses ao do Estado. Sem por isso se identificar com a obediência contranatural a uma regra repressiva – embora essa dimensão não esteja ausente, sobretudo a propósito das instituições contranaturais de Esparta –, a virtude política, que compreende a aptidão ao sacrifício e à renúncia, constitui inegavelmente uma cruel ascese, que somente uma rede cerrada de subordinações e de práticas disciplinares permite sustentar[7].

1. *EL*, Advertência, III, 3, IV, 5.
2. *EL*, III, 3, V, 2-4, *CR*, IX, p. 118.
3. *EL*, V, 2.
4. *CR*, VIII, p. 114; *EL*, V, 3, V, 7, VII, 9-10.
5. *EL*, III, 3, VIII, 16.
6. *CR*, XII, p. 136; *EL*, IV, 6-7.
7. *EL*, IV, 6, V, 7, V, 19.

LISTA DOS TERMOS EM PORTUGUÊS

Causas físicas, causas morais 9
Clima 10
Comércio 12
Conquista 14
Corrupção 16
Costumes 18
Despotismo 19
Direito natural 20
Distribuição dos poderes 24
Educação 26
Escravidão civil 28
Espírito 30
Espírito geral 31
Estado de natureza 33
Gosto 36
Honra 37
Leis 39
Liberdade 41
Luxo 44
Maneiras 46
Moderação 48
Monarquia 49
Penas 50
Polidez, Civilidade 52
Poligamia 54
Princípio 55
Religião civil 57

Religião natural 57
República 59
Selvagens, Bárbaros 61
Temor 63
Virtude política 64

LISTA DOS TERMOS EM FRANCÊS

Causes physiques, causes morales 9
Climat 10
Commerce 12
Conquête 14
Corruption 16
Crainte 63
Despotisme 19
Distribuition des pouvoirs 24
Droit naturel 20
Éducation 26
Esclavage civil 28
Esprit 30
Esprit général 31
État de nature 33
Goût 36
Honneur 37
Liberté 41
Lois 39
Luxe 44
Manières 46
Modération 48
Moeurs 18
Monarchie 49
Peines 50
Politesse, Civilité 52
Polygamie 54
Principe 55

Religion naturelle, religion civile 57
République 59
Sauvages, Barbares 61
Vertue politique 64

IMPRESSÃO E ACABAMENTO

YANGRAF
GRÁFICA E EDITORA LTDA.
WWW.YANGRAF.COM.BR
(11) 2095-7722